读懂新经济

战略图景与行动路径

朱克力 牛禄青◎主编

中信出版集团 · CHINACITICPRESS · 北京

图书在版编目（CIP）数据

读懂新经济 / 吴敬琏等著；朱克力，牛禄青编著 .
-- 北京：中信出版社，2016.5
ISBN 978-7-5086-6141-4

I. ①读… II. ①吴… ②朱… ③牛… III. ①经济学
-研究 IV. ① F0

中国版本图书馆 CIP 数据核字（2016）第 083778 号

读懂新经济

著　　者：吴敬琏　等
主　　编：朱克力　牛禄青
策划推广：中信出版社（China CITIC Press）
出版发行：中信出版集团股份有限公司
（北京市朝阳区惠新东街甲 4 号富盛大厦 2 座　邮编　100029）
（CITIC Publishing Group）
承 印 者：三河市西华印务有限公司

开　　本：787mm×1092mm　1/16　　印　　张：16　　字　　数：242 千字
版　　次：2016 年 5 月第 1 版　　印　　次：2016 年 5 月第 1 次印刷
广告经营许可证：京朝工商广字第 8087 号
书　　号：ISBN 978-7-5086-6141-4
定　　价：58.00 元

服务热线：010-84849555　　服务传真：010-84849000
投稿邮箱：author@citicpub.com

当前我国发展正处于这样一个关键时期，必须培育壮大新动能，加快发展新经济。

——李克强总理 2016 年《政府工作报告》[①]

① 报告全文参见 http://news.xinhuanet.com/fortune/2016-03/osc_128775704.htm。

吴敬琏、厉以宁、林毅夫……

国家高端智库专家前瞻新经济

李彦宏、马化腾、雷军……

中国新经济巨头眼中的新经济

目 录

—— 创新篇 —— 引领新经济

—— 产业篇 ——　布局新经济

—— 投资篇 ——　掘金新经济

总理布局新经济

2016年3月5日上午，第十二届全国人民代表大会第四次会议在北京人民大会堂开幕，国务院总理李克强向大会做《政府工作报告》。他在报告中表示："经济发展必然会有新旧动能迭代更替的过程，当传统动能由强变弱时，需要新动能异军突起和传统动能转型，形成新的'双引擎'，才能推动经济持续增长、跃上新台阶。当前我国发展正处于这样一个关键时期，必须培育壮大新动能，加快发展新经济。要推动新技术、新产业、新业态加快成长，以体制机制创新促进分享经济发展，建设共享平台，做大高技术产业、现代服务业等新兴产业集群，打造动力强劲的新引擎。"[①]

这是"新经济"首次明确写入中国《政府工作报告》。随后几天，李克强在

① 报告全文参见 http://news.xinhuanet.com/fortune/2016-03/osc_128775704.htm。

参加一些代表团审议时反复强调：现在全国不同地区、行业经济走势出现分化。经过 30 多年高速发展，中国传统动能很难再像过去那样直线上升。当旧动能增长乏力的时候，新的动能异军突起，这样的新动能就能支撑起新的发展。

新经济不仅包括“互联网 +”，还覆盖一、二、三产业。“适度规模经营发展现代农业，制造业的智能转型，还有大数据、云计算、物联网、服务业、教育、医疗卫生……”[①] 李克强说出一连串“互联网 +”覆盖的领域，强调这些领域都可运用“互联网 +”来发展新业态。

“有人争论是‘互联网 +’，还是‘+ 互联网’，实际都是一回事。”总理强调，只要闯过这个关口，中国经济就一定能够浴火重生、再创辉煌。

新经济拉动作用超出预期

“我们要大力发展新经济，加快新旧动能转换。”2016 年 3 月 4 日下午，李克强看望出席全国政协十二届四次会议的经济、农业界委员并参加讨论，在半小时的讲话中他 8 次提及“新经济”。

经过过去 30 多年的发展，中国经济已经走到了一个节点上。“传统发展方式的边际效益正在降低，这个时候要依靠创新驱动，依靠‘大众创业、万众创新’，推动形成新的经济模式、新的业态，为中国经济提供新的动力。”李克强说。

“新经济不仅会使我国经济产生新的动能，还会带动传统产业的转型升级。”李克强指出，既有传统产业的改造，保证稳定前行，又有新经济异军突起，再加上新旧动力混合与提升，三种动力将推动中国经济长期平稳增长。

针对全国政协委员、联想集团董事长杨元庆提出的“充分发挥大企业作为‘双创’资源和业务平台的作用”的建议，李克强回应道：“确实，‘双创’不

① 讲话见 www.china.com.cn/guoqing/2016-03/16/content-38037930.htm。

仅是中小企业的事，大企业也非常需要。”他以韩国“创造经济革新中心”为例指出，政府可以与大企业、科研院所及教育机构协作搭建平台，共同推动创业、创新。

的确，本届政府在保证传统动能稳定前行的同时，一直在推动新经济的发展，诸如“中国制造2025”“大众创业、万众创新”和“互联网＋”，“现在看，新经济、新动能的带动作用已经超出了我们的预期”。

“本世纪初，我刚到辽宁工作的时候，老工业基地相当困难，虽然GDP（国内生产总值）增速不低，但失业率很高。到大街上一看，到处是游荡的人。”李克强说，“但现在，虽然不同地区、行业经济走势出现分化，但却很少看到街头失业的人群。在经济增速放缓的情况下，去年我国新增城镇居民就业人口仍然超过1 300万，这里面新动能起到很大的支撑作用。”

在2016年2月24日的国务院常务会议上，他曾以技术进步的“S型曲线”进一步说明中国经济的新旧动能转换。“中国经济发展到今天，正面临转型的阵痛期，再让传统动能继续保持过去那样的高增长，不符合经济规律。但只要我们坚韧地走过来，让新经济形成新的‘S型曲线’，就会带动起中国经济新的动能。”

在这次国务院常务会上，李克强还指出，现在我国新经济初步形态已经形成，对就业的支撑更是超出预期。“只要我们对新经济充满信心，就会对中国经济未来充满信心！”

新经济包含两大股力量

“福建简称‘闽’。从字形上看，就是一只虫被框在里面。要向上突破、破茧成蝶，上面那一个突破‘点’，就是经济发展的新动能。”2016年3月7日上午，李克强参加十二届全国人大四次会议福建代表团全体会议时的一番巧妙解释，引发代表团一片笑声。

经过 30 多年高速发展，中国经济传统动能很难再像过去那样直线上升，现在全国不同地区、行业经济走势出现分化。与此同时，一些国家可能就此陷入“中等收入陷阱”，甚至出现经济下行。“要跨过去，并不是没有办法。”李克强说，“管理学、经济学里面有一个‘S 型曲线’理论：当旧动能增长乏力的时候，新的动能异军突起，这样的新动能就能支撑起新的发展。”

2015 年 4 月，李克强曾在福建泉州一家机械公司考察“中国制造 2025”。第二年 3 月 7 日的这次会上，他重提那次考察说，这家公司发展“智能制造”，既是对传统动能改造，适应个性化定制、柔性化制造的趋势，实际上也是在培育新动能。

“刚才有代表发言提到正在探索‘物联网’，还有代表介绍武夷山区把原来的污染行业升级为农产品、休闲旅游等绿色产业，这些都是我在《政府工作报告》里讲的新经济。”李克强说，“新经济包含两大股力量，一是利用‘互联网 +’‘双创’等培育新动能，二是要改造升级传统动能。”

他进一步解释，当前各区域行业分化确实严重，但其中也蕴藏着希望和机遇。“为什么有的区域不行，而有的区域却蓬勃发展？为什么有的行业面临困境，有的行业却充满机遇？”李克强说，“福建培育新动能、改造传统动能已经形成了一定态势，希望你们加快新旧动能转换，‘破茧成蝶’！”

绿色能源环保和互联网是新经济的重要内容

2013 年 10 月 31 日，李克强在中南海主持召开了他就任总理以来由专家学者和企业家代表参加的第三次经济形势座谈会。他对淘宝网创始人马云介绍的新经济形态拉动就业的能力表示肯定，并针对淘宝网打造的 11 月 11 日“中国消费者日”称赞道：“你们创造了一个消费时点。”

李克强表示，我们对新经济要重新认识、高度重视。新经济不仅仅解放了老的生产力，更主要是创造了新的生产力。中国经济要爬坡过坎，必须加快结构调整，大力培育新兴增长点，这样才能使中国经济提质增效、行稳致远。

在博鳌亚洲论坛2014年年会开幕式上，李克强做主旨演讲时专门介绍了新经济的主要内容。

李克强指出，各国要顺应全球新技术革命大趋势，加强相互交流，借鉴彼此经验，促进科技进步和人才培养，尤其是青年人才的培养，推动以绿色能源环保、互联网等为重要内容的新经济发展，占领未来发展制高点，提升产业和经济竞争力。

新能源汽车是新经济在工业领域的一个标志性行业

“中国经济发展到当前这一阶段，传统动能的上升幅度已经有限，但新经济、新动能却正在蓬勃兴起。这对我们既是挑战，也是机遇！”李克强在2016年2月24日的国务院常务会议上说。

当天会议的第一个议题是确定进一步支持新能源汽车产业的措施，以结构优化推动绿色发展。李克强着重强调，新能源汽车是新经济在工业领域的一个标志性行业。

“这两年，传统汽车产业的产销增速持续走低，但与此同时，新能源汽车产业却实现了爆炸式增长。这既表明新能源汽车产业的生命力，也表明新经济正在孕育产生巨大的新动能。”他说，“我们当前正处于新旧动能转化‘拐点’，只要让新经济壮大起来，把新动能培育起来，中国经济就不仅是‘柳暗花明又一村’，更是‘柳暗花明又万村’！”

有关部门负责人在汇报中介绍了一组数据：2013年以来，随着国家各项支持政策密集出台，我国新能源汽车产量已从1.7万辆跃升至目前的37.9万辆，年均增幅近400%。

“这说明社会和市场对新能源汽车产业有巨大的需求，各部门应顺势而为，积极推动新经济，培育中国经济发展新动能！”李克强说。

“发展新能源汽车是世界大趋势。当前中国正处于难得的机遇期，与许多国家处在同一条起跑线上。”李克强说。

一组数据可以佐证李克强总理的判断：2015 年，有 4 家中国企业进入全球新能源乘用车销量前十名；而在销量前三名的企业中，有两家来自中国。

李克强就此强调，政府要进一步加大对新能源汽车行业发展的政策引导力度：一方面放松限行限购等管制措施，另一方面要加大政府采购等支持力度。

“新能源汽车产业链很长，加快发展这一行业，对于抢占未来制高点、拉动工业发展、带动就业具有很大作用，可谓一举多得。”李克强说，“要督促落实不得对新能源汽车限行限购的要求，打击‘骗补’行为。建立合理投资回报机制，鼓励社会资本进入充电设施建设运营、整车租赁、电池回收等服务领域。进一步提高政府采购中新能源汽车的比例，真正把整个产业带动起来。”

数位参会者提出，新能源汽车行业目前存在电池技术亟待突破、地方推广力度有待加强等问题。李克强要求国务院新能源汽车协调机制及其办公室机构要履行好协调职责。

“我之前去中车集团考察时看到，他们已经把传统的锂电池升级为复合材料，可能很快会在高铁中投入应用。相关部门要加强积极协调，让这些共性技术尽早对新能源汽车开放。”李克强说。

李克强明确表示，新能源汽车行业不能一哄而起，而要通过市场手段，积极整合优势资源。地方政府也要打破保护主义壁垒，加快推广新能源汽车的使用范围。“我们要充分利用新能源汽车自身的特点，推进车辆智能化和路网数字化改造。在物联网建设领域，新能源汽车要抓住其中关键技术，先行一步。”

激发农业中的新经济

2016 年 3 月 4 日，全国政协十二届四次会议的经济、农业界委员联组会议现场气氛热烈。全国政协委员、袁隆平农业高科技股份有限公司董事长伍跃时在发言中建议，要加快培育真正懂得农业技术的农场主、种粮大户和专业种植能手等“职业农民”。

“不光要培育‘新农民’，更要让这个行业真正有吸引力！”李克强说。他强调，要在不损害农民利益的基础上，通过入股等多种方式推进适度规模经营，让农民真正获得实惠。

李克强表示，粮食产量 12 连增对国家功不可没，但也要认识到，农业发展面临新的情况：一方面，粮食库存和收储费用正在不断增加；另一方面，因为农业劳动生产率偏低，我国的农产品价格远高于国际市场价格。

“必须认识到，中国处在世界经济一体化的进程中，很难关起门来保护农业。我们会不断完善惠农、富农政策，同时，也要通过加快发展现代农业，破解农业发展难题。一家一户的一亩三分地，很难进行大规模机械操作，提高生产效率。所以要在继续坚持家庭联产承包责任制的同时，根据中国国情，发展多种形式的适度规模经营，提高生产效率，加快发展现代农业。这实际上也是激发农业中的新经济。”李克强说。

他进一步强调，发展现代农业决不能“掠夺”农民，而要真正促进农民增加收入。这不仅需要适度规模经营等探索，也需要通过推进新型城镇化、工业化，带动农民进城就业。

要让政策向新动能、新产业、新业态倾斜

2016 年 3 月 9 日上午，李克强参加了十二届全国人大四次会议广东代表团

的审议。他表示，广东要大力发展新经济，打造大众创业、万众创新平台，促进覆盖一、二、三产业的新技术、新业态、新模式成长，围绕“补短板”和传统产业升级扩大有效投资，更多依靠人力人才资源促进新旧动能加快转换。

李克强说，广东经济社会各项指标均处全国前列，体现出广东人能干、会干。广东人不仅有“敢为人先”的精神，还有“无中生有”的本事。只要给一个政策，哪怕没有配套资金，也能从中淘出“金”来。

一个月前的2月3日，国务院常务会议部署建设“双创”基地发展众创空间，加快培育新动能。“新经济里面制造业和服务业常常是混在一块儿的，设计制造营销一条龙。”李克强在会上表示，“要让政策向新动能、新产业、新业态等倾斜，大力发展新经济。”

李克强表示，建设新型创业创新平台，为更好实施创新驱动发展战略，推进大众创业、万众创新提供低成本、全方位、专业化服务，既能集众智、借外脑，助力新业态、新产业发展，又能增加就业岗位，为化解过剩产能创造条件。

2月2日上午，李克强在银川考察钢铁铸造企业共享集团，这是一家三线建设时期从沈阳搬迁至银川的专业铸造企业，近年来通过3D（三维）打印等技术创新嫁接铸造智能工厂，走上了转型升级之路。

据共享集团3D产业中心副主任孟庆文介绍，公司运用3D打印技术将铸造业“老大难”发动机缸头生产的废品率从平均30%降到5%以内，中速柴油机机体的生产时间也由8天缩至1天。

“这就是我们讲的新旧动能转换。”一路看下来，李克强说，“你们的实践给出了最好的说明！”

当天，李克强在宁夏市民大厅考察期间，向在此办理餐饮经营许可证的办事群众详细了解餐饮业经营发展情况。这位饭店老板告诉总理，他的小店日营业额基本平稳，而外卖营业额增长较快。“我们和外卖软件公司签约，接到客户订单15分钟内，外卖人员必须到饭店里取走菜品，并保证按时送给客户。”他说，“我只需要把自己的菜做好，其他都不用操心。”

“这就是新业态啊！”李克强说。他强调，过去几年，新产业、新业态层出不穷，在调整产业结构，特别是在支撑就业方面发挥了重要作用。今后要加快建设“双创”基地，发展众创空间，为培育我国经济新动能，同时也为化解过剩产能创造条件。

全国各地蓬勃兴起的大众创业、万众创新，是创新驱动战略的具体化支撑。而众创空间则“进一步打破了专业界限，以及工业和服务业等传统划分界限，促进了分享经济和共享经济，其中孕育着新经济样态”。“众创空间不能一哄而起，也不搞一个模式，要因地制宜、各具特色。要集合大专院校、科研机构和大小企业等各方面力量，协调配套发展。”他敦促传统大企业要加快“中国制造 2025”与“互联网 +”的融合过程，积极主动拓展众创空间。

当天会议决定，依托国家自主创新示范区、高新技术产业开发区等，试点建设一批国家级创新平台，推动各地发展各具特色的“双创”基地，选择电子信息、高端装备制造、现代农业等重点领域，打造产学研用贯通的众创空间。

不仅有技术的创新，还有体制机制的创新

在参加全国政协十二届四次会议的经济、农业界委员讨论时，李克强表示，发展新经济、加快新旧动能转换，其中的关键就是创新，“不仅有技术的创新，还有体制机制的创新，释放千千万万人的创造力”。

他回忆起 2015 年到河南一家企业考察的情景。这家做农产品深加工的企业，业务之一是冷链运输。企业通过技术创新将冷藏车的空车率降低，同时进行体制创新，与司机分成实现员工持股，如今已经发展壮大为营业收入上百亿元的公司。

“真让人想象不到，”李克强感叹道，“30 多年我们很大程度上是靠人口红利闯出来的，但中国人的智慧还没有完全发挥出来，如果政府进一步松绑，让 9 亿

劳动力，特别是1.5亿受过高等教育和技能培训的人才都能充分施展智慧，那中华民族将会迸发出难以想象的竞争力。”

3月6日上午，李克强来到他所在的十二届全国人大四次会议山东代表团，参加审议《政府工作报告》。他强调，积极主动培育新动能、发展新经济，是实现“双中高”的重要依托。要按照创新、协调、绿色、开放、共享的发展理念，深入推进结构性改革尤其是供给侧结构性改革，顺应全球新一轮科技革命和产业变革趋势，实施创新驱动发展战略，推动大众创业、万众创新，激发亿万群众创新创造潜力，推进“中国制造2025”与“互联网+”融合发展，催生颠覆性新技术，加快新产业、新业态等破土萌发，改造提升传统动能，有序化解过剩产能，促进先进制造业和现代服务业成为我国经济结构中的重要支柱，实现新旧动能平稳接续，用“双引擎”助推中国经济驶入基础更牢、平台更高、运行更稳的轨道。

“促进新旧动能转换，关键要以深化改革为动力，用科技和制度‘搭台’，让各类市场主体‘唱戏’。”李克强说，搭建大中小企业、高校、科研院所、创客等多方协同的“双创”平台，创新生产经营模式，促进分享经济成长，充分调动民间资本、民营企业的积极性，使创新基因更加广泛地融入各行各业，以活跃的创新创造活动推动经济提质增效升级。

李克强指出，新旧动能转换要求政府加快转变职能。要持续推进简政放权、放管结合、优化服务改革，为企业创业创新松绑加力，营造公平竞争、宽松便利的市场环境。要采取减税降费等措施，降低企业成本，使企业轻装前行。要把解决好教育、医疗、住房、社保、食品安全等民生痛点作为政府工作的重要着力点，兜牢民生底线，加快脱贫攻坚，在推进全面建成小康社会的进程中提升人民群众获得感。

发展经济、培育新动能，主要靠改革开放

“我去年考察福建时专门去了严复故居。严复翻译了《天演论》《原富》等著作，为中国打开了一扇‘开眼看世界’的窗户。”李克强参加十二届全国人大四次会议福建代表团全体会议时说。

当天会场设在人民大会堂福建厅。李克强指着门口一扇绣着鼓浪屿图案的屏风表示，发展经济、培育新动能，主要靠改革开放。福建历来有开放的传统，在改革开放时期又走在全国之先，“我们最早设立的四个经济特区，其中就有厦门”。

他说，2016 年发展任务复杂艰巨，一要“建”字当头，打造沿海地区发展新的战略支点。保持经济平稳运行，做强绿色经济、海洋经济，推动科学发展。二要破茧成蝶，加快新旧动能接续转换。通过发展智能制造、现代服务业等培育新经济，以新动能带动改造提升传统动能。三要先行先试，在改革开放和推动两岸关系和平发展上积累经验。提升对外包括对台经贸、人文等交流合作水平，建设开放型经济新高地。希望福建立足实际，扎实苦干，造福人民。

“福建经济中民营经济占 2/3，福建人更是‘足迹遍天下’，许多当地民众信奉的妈祖文化就包含着海洋精神。”李克强说，“希望你们连通珠三角、长三角，‘左右逢源’，形成一个大的开放格局。同时凝聚各种力量，打造对外开放的‘联合舰队’，抱团出海，做大做强！”

李克强鼓励福建要先行先试，在改革开放和推动两岸关系和平发展上积累经验。深耕自贸试验区这块改革“试验田”，提升对外包括对台经贸、人文等交流合作水平，建设开放型经济新高地。

解读篇

认识新经济

新经济的过去、现在和未来

李彦宏
百度公司董事长兼首席执行官

PC时代的终结和移动互联网的终章

10年前中国互联网是什么样，现在中国互联网又变成什么样，对于这种差别，每个人都有深刻的体会。10年前的百度联盟伙伴，到现在仍有很多是我们的联盟成员，这也证明我们的联盟是非常有生命力的。互联网行业变化非常迅速，可以说是翻天覆地。我们能够生存下来本身是幸运的，当然这其中有很多原因，除了与时俱进、顽强不息的创业精神，也包括运气的成分。10年联盟峰会的前一半时间里，我一直讲大幕现在刚刚拉开，这就是说我们还处在产业早期阶段。但是今天我们能说这样的话吗？我觉得不能了。今天需要对整个产业的发展阶段再次做一个判断。

自从互联网大幕拉开以后，第一幕（PC互联网）已经结束了，也就是说基于桌面的互联网时代已经结束。第二幕（移动互联网）现在处于一个让人兴奋、能够看到很多高潮也有很多不确定性的阶段。所以我们看到无数的风投涌进来，无数的优秀人才涌进来，并展开各种各样的补贴大战。移动互联网这一幕还会持续多久？我不知道。但是已经开始有人在问我，这一幕过后下一幕是什么？

既然第二幕逐渐进入高潮，那么最终的结局会是怎样？我想这是对于每一个人来说更为相关且更为重要的问题。当然，判断这样一件事情难度是非常大的，可能也比较早，但是因为重要，所以我们应该更早地开始考虑这个问题。

中国经济未来两种可能性

对于移动互联网大幕的结局，我认为有两种可能性，先讲第一种可能性。

10 年前，当我和我的同事在讨论移动互联网、互联网化的时候，我们有点飘飘然，觉得中国互联网行业中真正懂产品的人比较少。所以我们在研究百度下一步做什么的时候，通常会参考一下美国或韩国有没有类似的东西，如果有，说明我们已经代表了互联网的最高水平。那时候为什么会有这种感觉？因为那时整个中国互联网的从业者才几十万人，很多非常优秀的人根本没有进入这个领域。而今天则完全不一样了，今天是在几千万人这样一个规模下相互竞争，而且我们所面临的产业格局也是不一样的。今天我们随便跟一个行业的人聊天，他都会问：对“互联网 +”你怎么看？他都希望能够让他的产业与互联网进行结合。所以，今天的互联网和过去的互联网相比是一个完全不同规模、不同概念的东西。

我已经好多年没有关注过 CNNIC（中国互联网络信息中心）发布的关于互联网人数增长情况的报告，因为这个数字总是在增长，已经没有悬念了。但是我们想象一下 7 亿网民的概念是什么？意味着中国互联网的渗透率已经超过了 50%。当互联网从业者判断未来互联网发展趋势是什么时，在某种意义上讲，中国互联网的发展也就代表了中国经济的发展方向；当我们判断中国互联网的最终结局的时候，在某种意义上也是在判断中国经济的最终取向。

2011 年，我曾在百度联盟峰会上讲未来的发展机会，一个是读图时代，另外一个是中间页。中间页就是各行各业的垂直平台，当初可能更多是以 PC（个人电脑）互联网的网站形式存在，今天更多是以无线互联网 App（应用程序）的形式存在。但它的本质是没有变化的，就是在某一个垂直行业打造一个平台。这个趋势现在越来越明显，这些平台无论是从原来 PC 互联网网站转型而来的，还是新生的，它们的本质都是要通过自己的平台，把线下某一种行业的主要厂商、服务商或者商家吸引到这个平台上来。你只有做某一个行业的平台才能拿到投资，一旦拿到投资就开始拼命地做各种各样的补贴，扩大市场，教育市场，培养用户习惯。每一个行业都有一个或者多个（通常是多个）这样的行业平台，在努力地扩大自己的规模，占据市场份额，教育这个市场。当然我们现在也看到了一些整合，58 同城和赶集网的整合、滴滴和快的的整合，整合的趋势一定会使这些平台更加强大。于是我们就要问一个问题，当若干年以后，每一个行业都产生了一个非常强大的垂直平台的时候，会不会使得这些传统行业的公司全都沦为给这些平台打工？

所以最终的结局，可能也代表中国经济的未来。例如有几个像 BAT（百度、阿里巴巴、腾讯）这样通用的平台，剩下的就是很多垂直的平台。在某种意义上讲，电商也算是一个垂直平台，只不过这个平台很大。传统产业都会在这些平台上进行活动，依靠平台获得流量、客户、生意和利润。也许会有这样一种可能性，即长久来讲，中国永远变成了只有传统产业公司和互联网平台型公司这两类结构。如果这样的情况出现，对中国整体而言是好还是不好？这是我们需要花精力去思考的。

为什么我首先想到这样一个结局呢？因为我看到不论是中国经济还是世界经济，最主流的产业不是互联网产业，而是教育、医疗、金融、汽车、房产等代表经济支柱的实体产业。这些产业在拥抱互联网的过程当中，直到现在仍然处在一个比较迷茫的阶段。尽管移动互联网时代已经进入高潮，如果这些主流产业中的人仍不能想清楚怎么才能参与到移动互联网之中，那么他们将来前景堪忧。

过去我们讲互联网正在加速淘汰传统产业，最近两年讲“互联网+”。所谓“互联网+”，就是任何一个垂直行业跟互联网进行结合的话，效率会有很大的提升，尤其对于中国而言。我国的市场经济只有几十年的历史，我国传统产业和主流产业的运营效率跟美国等发达国家相比还是有差距的。如果用互联网+传统产业，我国有可能超越其他国家，使各种产业变得更有效率。但是谁来做这件事情？是新成立的互联网公司来做，产生一个新的平台？还是我们的主流产业、传统产业真正地拥抱互联网，把自己的效率提升上去？

所以我认为大结局的第二种可能性，就是主流产业怎样真正利用互联网来提升效率。这方面我们讲了四五年，然而直到今天，这个趋势仍不是特别明显，但机会还是有的。我们花了不少精力去琢磨我们能为这个行业做什么，但是想来想去单靠我们的力量是做不成的，甚至以我们为主也是做不成的。必须以传统行业的特点为主，以传统从业者对这个行业的了解和深厚的行业积累为基础，再加上互联网的理念、技术，传统行业才能真正重新焕发青春，提升效率，向前走一步。这种可能性是存在的。

现在这样的例子不是很多，但是我们也看到了一些，比如医疗行业。有时我和一些著名医院的院长聊天时，他们会很自然地说：你们的大数据技术很厉害，而且你们又懂互联网，咱们可以结合。我们医院里有很多数据，比如几万甚至十几万病人的病例，大家就可以据此算一算，比如对于某一种病，按照地域来划分，哪个地域的发病率会更高。这些在他们看来就是大数据应用。

然而，在我看来这是一个极小数据的应用，十几万的病人，按照地域分一分，统计一下地域的发病率，可能一台PC服务器就能搞定了，但是这些医院的从业者觉得这就是大数据应用。如果我们永远像这样在不同频率上进行对话，互联网与传统行业的结合就会大打折扣。真正的大数据动辄是几千台服务器，甚至是几万台服务器，做非常复杂的计算，以前连计算机科学家都不敢想的事情现在变得可能了，这才是大数据。当然，以前计算机科学家都不敢想的事情，现在希望那些医院院长、生物工程科学家来想，也是不现实的。我们尽管有这么强大的计算能力和数据处理能力，但是却不知道要去解决什么样的问题。我们不知道医院正在面临的问题是什么，将来要想解决这些问题，恐怕不是互联网公司主导就能做好的，需要医疗行业中的人慢慢了解互联网公司、大数据公司或人工智能公司将来能为他们做什么。

传统产业要找到提升核心竞争力的“正确按钮”

最近我在传统产业拥抱互联网方面花了一些时间和精力来研究，比如基因测序。2000 年前后开始，人类基因已被测出来了，一个人大概有 26 000 个基因。这在当时是很大的突破，我们可以根据基因判断将来人会得什么病。这也是少数在计算机领域以外能够符合摩尔定律的，测序的成本不停地下降。今天对一个人的基因进行测序只需要 1 000 美元左右，未来还会更低。我对全球最大基因测序公司华大公司总裁王俊说：未来你们可以对几百万人进行基因测序，这是大数据，很有用。你们能不能跟我们合作做点什么呢？但他说这个数据现在用处还不是特别大，因为这些数据不具有针对性。如果想弄清楚患某一种病的人跟他的基因有什么关系，他们无法根据一些随机案例（在社会上随便找来的几百万人）得出结论。所以，我们现在看到的基因测序只是一个很简单的应用，即可以把一个人的基因测一遍，然后告诉你将来会不会得唐氏综合征。

现在，基因测序技术只能知道某一个基因对应某一种疾病，如果存在简单一对一的对应关系就可以测出来。但是，实际上人的基因远不是这么简单，26 000 个基因可以有各种各样的组合。是什么样的组合导致了某种疾病的发生？医疗领域的专家认为这是不可计算的。我了解之后，认为借助大数据技术是可以计算的，但我们真的不知道这些问题怎么能够被提出来，我们也没有这方面的数据。所以，未来这一类型的应用就要依靠这些行业的数据积累，他们要自己把问题提出来，与我们互联网公司不断地结合，从而实现对那个产业的改造。这种类型的应用只能让他们来唱主角。

另外像物流行业，中国的物流成本占 GDP 的 18%，美国占 8%。我国的物流成本太高，原因是效率太低，公路上的货车有 40% 是空跑的。比如把一批货从云南腾冲拉到昆明，然后从昆明回来是空车。为什么同样的东西，我在中国买比在美国还贵？就是因为中国运输成本高，美国运输成本低。如何解决这些问题，恐怕不是一个互联网公司有大数据、有计算能力就可以解决的，而是需要对这个行业有深刻的洞察，才能知道要解决什么问题。这些问题利用互联网技术解决了之后，整个产业的效率就提升上去了。

所以，未来的第二种结局可能真的是这些传统产业拥抱了互联网，找到了提升自己核心竞争力的那个“正确按钮”。这两种结局到底未来哪一个是主流，我们拭目以待。

新经济特质：连接一切，创造服务

马化腾

腾讯董事会主席兼首席执行官

互联网是个非常年轻的行业，腾讯仅成立了 18 年，中国互联网大概发展了 20 年左右，全球互联网也就是 20 多年。如今，互联网在中国生机勃勃，从全球来看，十大互联网公司有四家来自中国。

三四年前，互联网从 PC 到移动的转变是一个非常迅速的过程，仅用了一年左右就实现了跨越，甚至从业者都不知道会变化得这么快，直到看到它的拐点出现的时候，大家才恍然大悟。

现在包括腾讯在内的很多网络流量在短短两三年时间，就从原来的三七变成七三，甚至是从二八到八二。这对互联网行业来说是一个非常大的考验，但其中也诞生了很多新的商机。

互联网已融入各行各业

原来大家认为互联网是新经济，现在大家认为互联网与各行各业（包括传统行业）相结合形成的新业态也是新经济。从通信领域到零售领域再到娱乐领域，都与互联网天然地结合在一起。近两年来，金融、交通、餐饮、住房等生活服务类领域都与移动互联网连接了，而且像快的、滴滴等大市值的互联网企业快速成长起来。过去，中美互联网公司往往集中在少数几个巨头手上，如今很多大型企业在各个领域也开始蓬勃成长，并不局限在原来的社交网络、通信、电商等传统板块，每一个细分领域都成长出比较大的领军者。这是一个很大的变化。

“互联网+”是一个趋势，加的是传统行业。过去十几年，互联网的发展很清楚地显示了这一点：加媒体产生网络媒体，对传统媒体影响很大；加娱乐产生网络游戏；加零售产生电子商务；最近互联网金融非常热，互联网将让金融变得更有效率，更好地为经济服务，符合“普惠金融”的精神。

互联网可以连接人、服务和设备

腾讯是国内互联网公司里赢利比较早的，在2004年就赢利了，所以到香港的主板上市。由于腾讯较早地开发网络游戏，所以利润可观。不过我们也走了一些弯路，或者说因为有了利润，发现太多机会，于是进入了很多领域。现在腾讯开始修身养性，回归本质，因为其最擅长的优势还是集中在通信、社交这个大平台范围内。

现在，腾讯的战略发生了很大变化，专注于做连接器，尤其在移动互联网领域，前景广阔。在PC时代，通信、社交仅仅是人们生活的一小部分，但是在移动互联网时代，通信、社交大有可为。因为手机天生就是一个通信工具，在一个天然的通信工具上诞生了很多商业模式，尤其以通信、社交作为底层服务的商业机会，这在 PC 时代是没有的。PC 时代打开浏览器就行了，但是在移动互联网时代，我们有了人，有了联络人，知道每个人的社交网络之后，很多底层工作可以做，于是产生了一个新的定位——做连接器。

腾讯不仅希望把人连接起来，还要把服务和设备连接起来。在 PC 时代，即时通信工具 QQ 到现在有 8.2 亿的日活跃账户，平均每天有 150 亿条消息。手机 QQ 进步也很快，8.2 亿中有 5.42 亿用户在手机上，100 亿条消息超过 2/3 是在移动终端上。尽管微信在一线城市的用户群体很多，但到二、三、四线城市和农村，QQ 和移动 QQ 是十分常见的平台。

微信里首次创新性地引入了公众账号和服务号体系，这是过去 PC 时代想象不到的。这个服务号连接了很多商家，包括媒体、自媒体人，甚至运营商的营业厅、银行等。这种模式不需要自建网站和 App 就能轻易地把人连接起来，而且很多资讯和服务可以碎片化地快速转发，分享给一个人、一个群甚至所有的人。这种连接方式十分简单，用户转发得飞快，可以产生神奇的效果。

构建开放生态体系

腾讯的生态是开放的。腾讯把很多非核心业务都交给了合作伙伴，自己提供一些最底层的通信用户认证或者存储、分发的平台或者一些基于交易的支付平台。

几年前，许多互联网公司提出要开放，但回过头看，腾讯的许多业务取得了初步的成绩，包括 500 万创业者，有很多 App 和服务在我们的平台上。粗略估算了一下，全部合作伙伴的估值超过 2 000 亿元，相当于几年前提出开放时的腾讯市值，基本上是再造了一个腾讯。

基于连接和开放，这些合作伙伴主要做什么呢？如果是最简单的连接，那增值服务不够。过去十多年来，腾讯在内容领域尤其是网络游戏领域扎根下去，一直深耕。脸谱网（Facebook）不做游戏，它是做连接，卖广告给开发商。但腾讯不同于脸谱网，除了有大量的外部开发者，自己也尝试研发游戏，只有这样才能理解这个产业和生态应该怎么做才更适合开发者。不过互联网的发展趋势是越来越开放，更多的内容不应该自己开发，而是让合作伙伴去开发。

中国互联网的发展，从原来无序和不注重知识产权到现在越来越重视知识产权。尽管现在还没有完全解决问题，但已经很明显在改善。只有这样，整个商业模式才会成形，才能构建出从游戏到文学、音乐、影视、动漫等相互交织的知识产权生态。当然这个生态不可能一家或只有少数几家就可以包办一切，也不可能掌控整个生态，一定是一种开放、共融、有很多合作伙伴参与、多层次的新生态。腾讯希望把连接器和开放的体系融入这种未来的生态。

随着互联网技术的快速发展，超高速的计算能力、网络和存储空间将用来做消费内容。因为消费越来越先进，提供更高清、更丰富、更智能的内容，不可能是一台机器在运行。也许那时候拍摄一部影视剧只需要很少的人，机器也能构思一个情节并拍摄，也能创造内容。有了内容和基础设施，还要考虑它的商业模式以及不同的实体在其中所处的位置。

新经济模式：专注极致口碑

雷军

小米公司创始人兼董事长

小米创办于2010年4月6日，我们希望用“小米加步枪”的精神（创业精神）在一个新的行业打出一片江山。我们十几个人研发产品18个月，在2011年10月底上市。随后，小米手机用了不到三年时间成为国内第一、世界第五。

手机是全球竞争最激烈的行业，小米的崛起可以用三个数字来诠释：第一是综合口碑第一，这是国家统计局、中国信息服务中心发布的数据；第二是在安卓手机中质量认可度第一，也远远领先于其他同行；第三是留存率第一，留存率是指使用小米的用户再换小米手机的概率。我们内部做了一个大数据分析，发现小米手机的留存率超过40%。过去因为产能不足，小米手机到今天还需要抢购，不太容易买到，这也是我们一直在努力解决的事情。

不惜一切代价做好产品

在一个极度竞争的市场里，小米是怎样脱颖而出的？答案就是“互联网 +”。

最好的团队：5 个海归 +3 个本土创业者

“互联网 +”是怎么做的呢？要不惜代价做好产品。要想做好产品，首先要找到最好的人来做这件事。小米创办者有 8 个人，这 8 位是最好的团队，平均年龄 45 岁，平均超过 20 年工作经验。5 个人从国外回来，他们在美国工作和生活平均超过 15 年，3 位是中关村本地的创业者，土洋结合，跨界结合。初期小米创业的几百人主要来自跨国公司，包括谷歌、微软、摩托罗拉，还有老金山的同事。初期的工程师都有 10 年从业经验，团队规模不大，人不多，但人才密度和强度很高，基本上都是各个领域顶尖的高手。

坚持技术创新

科技创新的背后，第一个是人才，第二个是创新。有了人才和资金，接下来就要专注。专注的力量就是压强原理。互联网创业极其强调专注，单点极致。小米用了五年时间，集中精力完成了针对不同客户群的四款机器。最核心的产品是小米手机，高端手机为小米 Note，大众手机是红米 Note。而传统手机行业，多则三四十个型号，用户都不知道是什么手机。

我们不惜一切代价，坚持技术创新，使用最新的技术工艺和材料。小米手机 4 采用不锈钢，不锈钢做手机非常有质感，但加工难度大。为了挑战这个工艺，小米与供应商花了 19 亿元买设备。在今天的手机市场，花很少钱也能做，但想做好做精细甚至做到极致，花费是天文数字。传统公司可能有三五千研发人员，但它们把这些人投入一两百款手机上。小米的人数只有它们的 1/10，但我们把这 1/10 的人全部投到一两款手机上，在一款产品的投入上是同行的 10

倍以上，而且研发周期也是同行的两到三倍。比如小米 Note 前面是 2.5D 玻璃，后面是 3D 玻璃，加工难度非常高，极具质感，厚度只有 6.95 毫米，而且是双卡双待，所以这款手机的技术水平非常高。我们花了 18 个月时间，反复进行了修改。

寻找世界上最顶尖的供应链伙伴

今天要做好产品，还需要顶尖的供应链伙伴。创办小米时，我发现“中国制造”的一个问题——中国产品给人的感觉是廉价，为什么会这样？

以前做软件和互联网时，到一个企业去，他们讲得最多的是成本控制。做企业肯定要控制好成本，但如果一个企业的 DNA（脱氧核糖核酸）是控制成本的话，就会有很大的可能性偷工减料。我去过德国，人家做螺丝钉都是分四批人做，一批人负责拧螺丝钉，该拧三圈绝不拧两圈半。日本和德国的制造业比我们先进，就是因为他们对待细节、对待每件小事足够投入。

小米要想走出一条新路，就要不惜成本。初期选择供应商，我们只选贵的，全是世界顶级的。找加工厂，从全球第一名找到全球第十名，起初没有一家理我们，最终好不容易谈成了第五名的英华达。当小米做得越来越强大的时候，富士康才加入。此外，我们选芯片的时候，也是选择最高端的。

当小米取得成功之后，政府希望小米带动国内产业链，承担社会责任，于是我们用国内产业链、两岸资源做了红米，性能只差 20%，但价钱便宜了一半以上。在创业过程中我们发现，手机的某些性能差一点点，但价格差很远。最早开始采用这种方法做事的公司很少。我们每一个器件打开都是世界顶级的，并鼓励透明化，鼓励大家拆机，鼓励大家评测，这些东西做得好，才能真正被消费者接受。

与用户交朋友

倾听用户意见，快速迭代

产品做好之后还要真心真意与用户交朋友，这并不容易。小米把用户放在最重要的位置上，首先要让用户满意，再考虑企业的利益，只有这样才有机会与用户交朋友。要注意倾听用户的声音，并且根据用户的意见快速做出改进。过去几年，用户给小米提出了1.5亿条意见。我们邀请用户参与小米手机的研发，用户帮小米做了全球几十个版本，帮小米把系统移植到上百款手机上，而且小米经常与用户举办年会活动，便于融洽感情。

有一次与一个领导朋友聊天，他说有时手机需要24小时开机，但晚上容易被骚扰电话吵醒，他问我有没有办法。我说这个功能很简单，我们很快就把电话VIP（重要人士）功能做到了手机上。还有一次见到韩寒，我问他用手机有哪些不满意，他说有些粉丝知道他的电话后经常给他打电话，接不接都为难，他希望只接通信录里的电话。我受他的启发，就设定手机只接收通信录里的电话，拒接任何陌生电话，只接收短信。

就这样，我们把每一个功能都做得非常细，五年时间做了两三百个版本。我们和用户交朋友，他们就很热情地帮我们提各种意见，帮我们推荐产品。我做金山20多年，只收到过用户的几封信和礼品，但做小米后收到了很多礼品。两年前，元旦上班的第一天早晨，我就看到一个“米粉”送我一本台历，而且这位“米粉”是专门从贵阳飞到北京的。

从用户的礼品中可以看到，小米和其他品牌不一样，我们是和用户一同成长的。在这点上，我们真心跟用户做朋友，他们可以帮我们推广产品，帮我们研发，因为每个人都希望被尊重。互联网这种开放的精神，能组织几百万人帮你做手机，可能这些不体现在媒体上，不体现在报纸和广告上，而是润物细无声，所以小米手机一发布就非常火爆。

群众路线：从群众中来，到群众中去

这种互动其实就是群众路线，深入群众，相信群众，从群众中来，到群众中去。互联网手段比实体经济的手段发达很多，只需很低的成本就能争取到大量意见。可能这几百万意见你来不及看，就发动网友筛选意见，这样就把有用的意见留下了。我们甚至还发明了一种方式，我们对每个星期更新的功能进行投票。做不好的工程师压力很大，做得好的人就发一桶爆米花，这样研发人员就非常有热情，到社会上去听取意见，与用户脸熟了，用户就会支持他。

怎么倾听意见，怎么快速改善？这个问题解决了，与用户的距离就拉得非常近。我以前做软件时用过很多手机，觉得有些手机的功能不合理。有一次遇到一个诺基亚的高管，我跟他谈了两三个小时。他觉得我讲得很对，但过了五年十年，他们的功能还是没有改进，因为他们的体系不支持快速改善。我就想做一款手机，让手机发烧友都凝聚在一起，想做什么功能都能实现。所以小米的功能在设计的时候是集大成的，如果你能提出一条意见，大部分人都支持，我们只需一个星期就能更新。全球范围的消费电子只有小米是用这方式快速迭代的。

极度重视品质和服务，做中国最好的客户服务中心

谈到服务，广告公司都当成成本来看，认为把成本控制得越精越好。这么想时，服务品质好不了。在中国做好服务非常难，因为在中国的经济水平下，做服务需要投入很大成本。我做小米的时候强调一定要做好服务，虽然不能保证小米的服务是最好的，但我做好服务的愿望是非常强烈的。

中国任何一家公司的售后服务点都没有小米这么高级。每个“小米之家”像零售店一样，有免费的茶水、沙发等，能上网，让每位朋友来了像回家一样。而且这些售后服务点全部是小米全资的，店员全都是小米的员工。以前的服务经常是第三方售后服务点来做，第三方售后服务点做好非常难，因为它们是以营利为

目的的，所以我不惜巨资在全国各地办了小米之家。

小米不仅是中国最大的手机公司，也是中国最大的手机行业客户服务中心，有 1 700 座客服，有 2 750 人。跟同行交流时发现，我们的手机销售量可能跟他们差不多，但我们客服中心的人数是他们的 10 倍，我们客服中心的离职率只有百分之十几，中关村的客服中心离职率是 50% 左右，因为客服工作很枯燥，很难留住人。但我们客服人员的薪酬比社会平均标准高 30%，每个人每个月 600 元餐补在我们自建的食堂里一天吃三顿饭还有富余。企业如果不尊重员工，他们是不会尊重客户的，所以一定要把客服中心做好。

在这样的思路下，可以少做点广告，有些广告用户都不相信。把服务做好，让每一个用户切身理解小米和别人不一样，自然而然业务就好了。所以我们把服务当成了产品的一部分，而不是备用。客服中心放在租金较高的中关村，主要是便于与我们的研发人员随时沟通。

高效运作

小米的产品与跨国公司比，价格没优势，用户不会选择我们。没有创新，只能控制成本，产品才有机会卖得出去。后来我们决定用同样的成本做出高质量的产品，反过来通过提高运作效率来降低零售价。

干掉广告费，垂直一体化

一块钱的成本，国外品牌能卖到两三块钱，国内品牌会卖到两块到两块五。除了制造材料成本，其他还有隐形成本，比如推广、研发成本、服务成本等。能不能用生产材料成本来倒逼我们的运作项目？然后我们就想出了这种模式，核心是垂直一体化，看哪些事情自己能做，哪些事情能优化成本。

首先是研发，接着是市场。市场就用口碑营销，让用户帮你推广。这个成本最低，换句话说，小米不做广告。然后是销售环节，现在实体经济销售环节的成本之高令人瞠目，于是小米就在网上直销。我们开通了小米网，然后把商品放上去，平时不营业，只在固定的时间卖产品，但用户成千上万。

大家都说小米是饥饿营销，其实不是，2014 年我们卖了 6 000 多万部，每次只卖几分钟。传统的销售渠道成本大概在一件商品的百分之三四十，甚至百分之六七十，绝大部分在中间消耗掉了，而销售渠道也不挣钱，所以小米就把广告费去掉，致力于把产品做好。

市场和广告都省了。我们投 1 亿元进行研发，比别人多 10 倍，真材实料。别人做了一两百款机器，每一款只卖一二十万台。小米投几亿，但每年能卖几千万台到上亿台，这样下来小米的成本其实很低。

中国企业的研发占比不合理：第一，产品做得好，卖的量自然大，研发占比自然就小；第二，在中关村创业，最重要的激励是股权，而股权没有进入研发成本，所以在高新科技公司，研发人员的工资很低，因为他们有股权，用股权激励。如果小米的几千人都是小米股东，他们会竭尽全力地把产品做好。

精品研发战略，尽可能少的机型

第一，小米在研发成本上采取精品战略，只做两三款手机。单款手机研发的成本大规模降低，虽然总体投入很高，单款投入更高，但效率高了很多倍。第二，把市场成本省掉，把产品做好了，老百姓自然会埋单。第三，不依靠任何渠道，本来卖一块钱的东西就卖一块钱。

小米诞生的时候是互联网发展的关键时刻，社交媒体开始兴起，每周二抢到小米手机的人都在说“中奖了”，传播面非常广。但一款产品没做好，负面口碑传播更快，所以在口碑的压力下要不惜代价做好研发。有了口碑效应，用户买小米手机就不需要销售渠道，电商直销就行。我们把这几种模式整合在一起，达到了最优化的效果。

互联网模式的核心是免费，在互联网行业，用户价值最高。为了把用户的心留住，在互联网上最基础的、最受欢迎的服务都是免费的：以前看新闻要买报纸，现在只需在网上搜；以前寄邮件要钱，现在免费发；以前打电话要钱，现在微信通话免费。

这些公司通过免费模式短时间获得了大量用户，接着用长尾理论为少数客户定制个性服务收钱。比如，你刚开始在淘宝上开店是免费的，等大家都进这个平台之后，就有搜索和目录导引，这就是收费模式。

领先的互联网手机模式

怎么形容互联网商业模式呢？一句话，就是“羊毛出在猪身上”。现在小米用免费模式把手机做成功了，但互联网有隐形收入，买电影票、玩游戏都收钱，积少成多形成收入。所以互联网的核心模式是“免费模式 + 长尾理论”，用免费的核心业务来吸引大量用户，提升用户满意度，用长尾理论寻找新的商业模式。小米最注重的是客户满意度，客户满意了，给点小惠，小米就能活得很好。这种经济叫“小惠模式”。

还有生态链支持。手机做好了，与手机连接的所有周边产品都相通，客户满意度就越来越高。比如现在的机场、火车站、餐厅都有免费 Wi-Fi（无线互联网接入），但需要输入你的手机号，需要注册才能获取服务。后来我们在几个地方设置了免费 Wi-Fi，只要是小米手机就会自动提醒你这里有免费 Wi-Fi，自动连上，很方便，iPhone（苹果手机）都没这功能。

小米就是靠大量的集成，用不到 6% 的成本创造全系统优化，是全球运作效率最高的公司。（在互联网时代没有效率是行不通的。为什么商品会卖得这么贵？因为加了很多成本。）这就是小米的基本商业模式。

互联网出现后颠覆的第一个行业是软件行业。我参与了金山软件的创办，是第一个被颠覆的。第二个是传媒界。互联网和软件看起来是一样的，但观念不

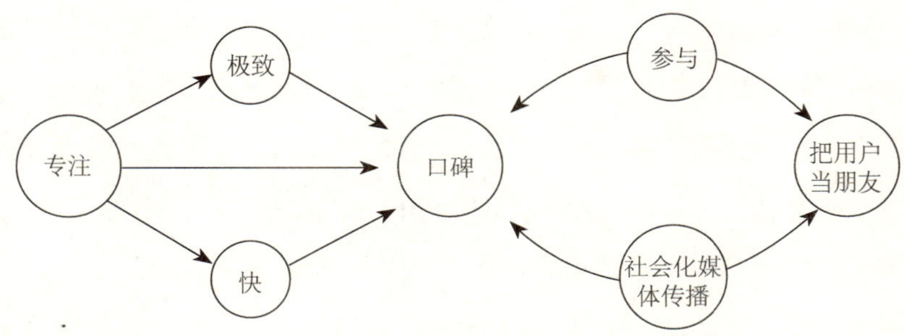

图 1　互联网 +

同，所以金山就输给了互联网。我从 1999 年开始思考转型，互联网到底强大在哪里？其实互联网是一整套观念，非常强大，这个观念最重要的是专注、极致、口碑和快。

第一个：专注

无论哪个伟大公司，都是从很小的事情开始做的，腾讯做 QQ 的时候只有几个人做了一件很小的事情。有时候大公司资源多了不容易聚焦，小公司资源有限，才有机会做成事情。

刚开始创业时，我决定只做一部手机，只做好小米网站，不做京东和淘宝，就是做减法。后来我努力聚焦，只做很少几件事，到今天这个规模，我们也只有小米手机、小米电视、小米路由器，其他全是合作。只有专注才能做好。

我现在保证，每一款手机至少我自己都用过，每一款手机都是开机的，因为我们每周都有更新，这样我才能最快发现手机的问题。如果不专注，就没有精力去关注这些问题。电视也只有三个尺寸，55 寸、49 寸、40 寸，路由器只有两种。所以小米的产品实际上只有七八种，都在我的办公桌上，好不好用，我很快就能发现。

第二个：极致

互联网行业不做到极致，很快就会被超越。传统产业经常打价格战，互联网没有价格战，极致就是免费。互联网行业的竞争激烈程度超过了任何一家实体店，首富排行榜全是互联网企业，其实它们都在各自领域处于绝对领先。从全球市场来看，社交领域就是脸谱网，其他公司比它差很远，所以在互联网行业的游戏规则就是赢家通吃。在赢家通吃、极度竞争的市场环境里，每种产品都要追求做到别人没法做到的水准，就是把自己“逼疯”，把别人“逼死”。你自己不疯，绝对赢不了。极致就是在这种环境中达到的。

第三个：口碑

又好又便宜的东西不见得有口碑，只有一个东西有口碑，叫“超预期”，超过用户的预期。几年前在机场看到一本书《海底捞你学不会》[①]。海底捞的服务员可能没有别的餐厅的服务员漂亮，但是它的服务就是做到了极致，顾客一进去有吃的、有喝的，可以剪指甲、下棋，有休息的地方。我特别好奇，就问有没有遇到过免费吃完了就走的，他们说有。因为要排队所以就免费吃喝，然后终于排到我吃饭。我一去吃饭，那个服务员就特别高兴，我问她为啥高兴，她说像她这样40多岁的下岗女工，每个月拿4 000多元，晚上做梦都笑醒了。

热情是装不出来的，目前很多服务行业最可恨的都是服务员假笑，大家都不会发自内心地笑，我在海底捞第一次看到了真笑。其实海底捞的装修很一般，服务员也是40多岁的下岗女工，但是海底捞就是把每一个细节做得很精致。它的精致不在于奢华的装修、漂亮的菜肴、漂亮的服务员，但它就让人感觉很舒服。

海底捞的创始人张勇之前是下岗工人，没办法在街头开了一个烧烤加盟，一步一步做起来。他说，他们就是要对人好，对客户好了之后才有更多的客户。他给我的启发很大，让我认识到口碑的重要性。关键问题是一定要想清楚你的客户预期是什么，你比客户预期做得好，才能有口碑。

---

① 《海底捞你学不会》于2011年3月由中信出版社出版。——编者注

第四个：快

互联网有一个巨大的优势是扁平化。比如用户提意见，一周有反应、一个月有反应、一年有反应，他的感受是有差别的。当年创业的时候，我们极其低调，做完一个手机操作系统，第一次开店只有 100 个人使用。当时大家都很紧张，我说不要紧，只要把这 100 个人伺候好了，第二周就会变成 200 人，第三周变成 400 人，第四周变成 800 人，每周都会翻一番。我在初期就想，不做广告，要相信群众，依赖群众。

今天的互联网最在乎的不是起点高，而是你的成长速度有多快，你的反应速度有多快。产品做得不错，把用户当朋友，才会有口碑。有一条很重要，就是用户参与产品的设计，这是别的东西无法代替的。用户参与做了小米手机，他就会选择用小米手机。当然，没有社交媒体的帮助，小米做不成这样。我们用微博、微信，我们在国际市场上用脸谱网和推特，想办法让粉丝聚集在一起，让我们的信息快速地传播。

此外，经营理念也很重要。我在创办小米的时候，考虑过几个问题：怎么在中国办一个百年企业？怎么在中国办一个对时代有巨大影响的国有企业？我想了很长时间，找不到答案，后来一想可以从已有的百年企业总结经验。最著名的是同仁堂，已有 370 多年历史。同仁堂的成功秘诀在于创始人在创办的时候只提了一个要求：品味虽贵必不敢省物力，炮制虽繁必不敢省人工。在一个高度不透明的医药行业里，要想做成百年企业，同仁堂的创始人真有远见，就是真材实料不偷懒。这一条祖训怎么能够坚持 370 多年呢？就是你怎么做的没有人看出来，但是良心知道，就是“修合无人见，存心有天知”。我研究了这个问题以后受到巨大的震撼，所以我要求小米每一款产品打开以后就像艺术品，做到最好，只有这样才能够成就一个世界级的企业。

不讲效率只讲成本，这是个伪命题，讲成本最后就等于偷工减料，所以小米从第一代开始就坚持真材实料。但是全部真材实料肯定很贵，如果小米卖苹果一样的价钱，别说初创期，即使今天都有很大压力。品牌被别人接受的时候，产品比别人便宜，成本比别人贵，怎么能够赢呢？只能优化效率，用互联网的技术和方法来优化效率。全球效率最高的是沃尔玛，沃尔玛在1962年创办的时候，美国零售业要办一个大商场，一定要有45%的毛利率才能赚钱。而沃尔玛是22.5%的毛利率，他们要生存下去。在这个目标下，他们有两个小创新。第一，以前的零售业一定要在最繁华的地方开商场，零售业的铁律就是位置、位置还是位置，但沃尔玛把商店开到了城乡接合部。第二，沃尔玛不盖新商场，找一些仓库简单装修就完成了，使沃尔玛商品的毛利率做到了22.5%~23%，到今天为止依然是这个数据。然后通过大规模的效率改善，有两到三个点的净利率，用了20年成为世界第一，这就是沃尔玛。

此外，美国一个大型的连锁店好市多（Costco）也给我许多启发。好市多任何一件商品只挣1%~14%，如果任何一件商品的毛利率超过14%需要首席执行官特别批准。从创办起到今天为止，好市多综合毛利率只有6.5%，而亚马逊要赚23%。好市多是怎么做的？

第一，它只面向美国的中产阶级。美国有3亿人，好市多的目标只服务美国的5 000万中产阶级，确定了精准的客户群。

第二，它的商品琳琅满目，每种东西却只有两三个品牌，但是非常精致。偌大的商店里面只有3 500种商品，而且每种商品都是老板亲自挑，都是老板自己用过的。他提了一个要求，让顾客在好市多看到十件商品的时候至少有一件让顾客感到惊喜。它的品质、品牌、用户体验、价格都是最好的。所以去过好市多以后，你就会成为它的粉丝。不需要看价钱，不用琢磨它好用不好用，直接拿走就行，因为每件东西都很好，而且非常便宜。这是全球零售业的奇迹。

尽管只有6.5%的综合毛利率，但好市多的财报显示，它的利润很高。第一是信用卡，就是互联网金融，用信用卡买东西便宜；第二是小费，顾客觉得东西这么便宜，给小费、会员费，员工高兴。

如果小米的产品能够和客户打通，顾客真的愿意给小费。一般来讲，互联网卡通形象都是免费的，小米也做了一个卡通形象的标志米兔，但不是送的，是卖的。有两种，一种是不穿衣服的卖 49，一种是穿衣服的卖 99 元。2014 年，这两种卡通形象有 197 万元的营业收入。如果用户不喜欢小米，他买这个米兔干吗？所以，我设计了小费的成本就是我理想的“互联网 +”，我们希望用户以这种形式支持小米。把产品做好，让用户心甘情愿给小费。

总之，我们要向同仁堂学习做货真价实的产品，向海底捞学习做口碑，向沃尔玛和好市多学习优化效率。如果永远能做到这三点，是没有人可以击垮小米的。

为什么提新经济

腾讯研究院[①]

新经济的内涵

新经济并非首次出现在李克强总理讲话中。早在2014年博鳌亚洲论坛年会开幕式上，李克强总理就在其主旨演讲中指出，要大力发展以绿色能源环保、互联网为主要内容的新经济。

2016年《政府工作报告》进一步丰富了新经济的内涵。简要来讲，新经济是随着以云计算、大数据、物联网、移动互联网等为代表的新技术被广泛接受和应用，诞生的新产业、新消费、新组织形态，以及随之而来的创业创新浪潮、产业转型升级、就业结构改善、经济提质增效。

---

① 作者为腾讯研究院专家孟昭莉、李刚、刘琼、孙晓菲。

新旧发展动能转换的过程，是新经济与传统经济深度融合的过程。新经济与传统经济都是我国整体经济发展的有机组成部分，两者之间有着深刻而紧密的联系。新旧发展动能转换不应被扭曲为通过引爆新经济来代偿传统经济。实际上，新经济与传统经济是互补共生、不可分割的。以新经济、新思维来引爆传统经济，盘活资源存量，才是理解“十三五”规划的正确姿态。

新经济的重要作用

新经济除了经济拉动作用外，提升人民生活福祉也是主要发力方向。新经济将解决就业，信息动能降低连接成本，让更多民众受益于数字红利，带来更多的获得感，从而真实提升人们的生活幸福度。

当然，新经济也是当下供给侧结构性改革的重要工具，通过信息动能及时交换供给与需求信息，使得定制化生产、个性化生产成为新的经济发展趋势。新经济最终将把信息动能注入传统企业之中，放大传统企业的生产能力和生产效率，用信息动能驱动传统产业变革，成为拉动经济的新的增长点。

新经济的发展重点

新经济的基础是底层通用技术的变革，这些变革首先触动经济领域。站在更高的角度来看，这些技术的外溢效应明显，其影响已经不再局限在经济领域，而是开始广泛影响到公共服务、民生福祉等人民生产生活的方方面面。李克强总理的报告对于这些外溢效应，特别是与互联网技术相关的外溢效应产生的正面效果给予了充分肯定，明确提出要“推动依法行政和治理方式创新”，“以体制机制创新促进分享经济发展”，更要求“大力推行‘互联网＋政务服务’，实现部门间数据共享”。

2016年，以分享经济为引擎的第三产业将继续保持高速发展，并由个人闲置资源分享向企业和政府闲置资源分享阶段演进；基于C2M（顾客对工厂）模式的个性化定制、柔性化生产将成为传统产业“互联网+”的发展重点；消费金融在政策红利驱动下将释放巨大发展动能；另外，农村的“互联网+”值得期待。除了《政府工作报告》中明确提出“推动电子商务进农村”外，5万个行政村通光纤将为加快推进移动医疗、在线教育、数字内容等行业的下沉创造机会。而“互联网+政务服务”的进一步发展意味着将会有更多的线下服务线上化、移动化以及集成化，为充分释放“双创”潜能提供广阔空间。

新经济的政策保障

新经济首次写入《政府工作报告》，意味着全力发展以新技术、新产业、新业态为主要内容的新经济已上升为国家层面的战略部署。可以预见的是，下一步各级政府将投入更多精力支持新经济的发展，出台相关政策，并推动新经济对传统产业的改造，打造能力强劲的新引擎。

实际上，李克强总理已经在《政府工作报告》中提出了系列政策措施，推动新经济发展。例如，制定实施创新驱动发展战略纲要和意见，出台推动大众创业、万众创新政策措施，落实“互联网+”行动计划；再如启动实施《中国制造2025》，设立国家新兴产业创业投资引导基金、中小企业发展基金，扩大国家自主创新示范区。相信后续会有更多具体的落地措施出台，以保障新经济的蓬勃发展。

机制篇

开创新经济

深化金融体制改革，培育经济发展新动力

周小川
中国人民银行行长

金融体制是社会主义市场经济体制的重要组成部分。改革开放以来，我国社会主义市场经济体制逐步建立健全，适应市场经济要求的金融体制基本建立，金融宏观调控和金融监管体制不断完善。金融资源是现代经济的核心资源，要使市场在资源配置中起决定性作用。

党的十八届五中全会通过的《中共中央关于制定国民经济和社会发展第十三个五年规划的建议》，立足“十三五”时期国际国内发展环境的基本特征，围绕创新发展、协调发展、绿色发展、开放发展和共享发展五大理念，为未来五年深化金融体制改革明确了目标，提出了要求。我们要深刻领会和贯彻落实十八届五中全会精神，将五大理念贯穿于金融体制改革的全过程。塑造金融开放发展新体制，提高金融服务实体经济效率，完善宏观调控方式和审慎管理框架，坚持底线思维，确保国家金融安全，促进经济金融平衡、稳健、安全和可持续发展。

坚持创新发展理念，全面提高金融服务实体经济效率

创新是引领发展的第一动力。完善宏观调控方式，加快金融体制改革，加快形成有利于创新发展的投融资体制。

健全金融机构体系，构建金融发展新体制

健全商业性金融、开发性金融、政策性金融、合作性金融分工合理、相互补充的金融机构体系。构建多层次、广覆盖、有差异的银行机构体系。进一步深化国家开发银行、进出口银行和农业发展银行改革，加强资本约束，完善治理机制，更好地发挥开发性金融和政策性金融在促增长、调结构方面的作用，加大对经济重点领域、薄弱环节的支持力度。继续巩固商业性金融机构改革成果，优化国有金融机构股权结构，改善金融机构公司治理机制，建立现代金融企业制度，形成有效的决策、执行和制衡机制。推动一批具有国际竞争力和跨境金融资源配置权的中资金融机构快速稳健成长。依托合作经济组织，引导合作性金融健康发展，形成广覆盖、可持续、补充性组织体系。提高金融机构服务质量，降低企业融资成本。完善国有金融资本管理制度，增强国有金融资产的活力、控制力和影响力。

发挥金融创新功能，培育经济发展新动力

加大金融支持国家创新驱动发展战略的力度，构建普惠性创新金融支持政策体系。加强技术和知识产权交易平台建设，建立从实验研究、中试到生产的全过程科技创新融资模式。拓宽适合科技创新发展规律的多元化融资渠道，推进高收益债券及股债相结合的融资方式。强化资本市场对科技创新支持力度，鼓励发展众创、众包、众扶、众筹空间，发展天使、创业、产业投资。创新间接融资服务科技创新方式，银行与创业投资和股权投资机构投贷联动。加快发展科技保险，

推进专利保险试点。加快建立健全促进科技创新的信用增进机制。

完善宏观调控方式，创新调控思路和政策工具

按照总量调节和定向施策并举、短期和中长期结合、国内和国际统筹、改革和发展协调的要求，完善宏观调控。采取相机调控、精准调控措施，适时预调和微调，更加注重扩大就业、稳定物价、调整结构、提高效益、防控风险、保护环境。

创新调控思路和政策工具。在区间调控基础上加大定向调控力度，增强宏观经济政策的针对性、准确性和前瞻性。完善以财政政策、货币政策为主，产业政策、区域政策、投资政策、消费政策、价格政策协调配合的政策体系，运用大数据技术，提高经济运行信息及时性、科学性和准确性。

推进汇率和利率市场化。让市场在人民币利率形成和变动中发挥决定性作用，进一步增加人民币汇率弹性。选择和培育中央银行政策利率体系，完善货币政策传导机制。完善中央银行沟通机制，引导市场预期，提高货币政策有效性。

深化投融资体制改革，发挥财政资金撬动功能，创新公共基础设施投融资体制。增强财政货币政策协调性，促进财政资源和金融资源的结合，发挥投资对增长的关键作用。建立全面规范、公开透明的预算制度，完善政府预算体制和地方政府举债融资机制，减少财政库款波动对流动性的冲击。

坚持协调发展理念，构建结构平衡、可持续的金融体系

协调是持续健康发展的内在要求，金融协调发展是实体经济平衡和可持续发展的重要保障。

提高直接融资比重，建设直接融资和间接融资协调发展的金融市场体系

积极培育公开透明、健康发展的资本市场。我国总体金融结构仍以银行间接

融资为主，资本市场制度尚不完善，直接融资占比仍然偏低，宏观杠杆率高企的同时经济金融风险集中于银行体系。“十三五”时期，应着力加强多层次资本市场投资功能，优化企业债务和股本融资结构，使直接融资特别是股权融资比重显著提高。预计从2014年到2020年，非金融企业直接融资占社会融资规模的比重将从17.2%提高到25%左右，债券市场余额占GDP比例将提高到100%左右。推进股票和债券发行交易制度改革，以充分信息披露为核心，减少证券监管部门对发行人资质的实质性审核和价值判断；加强事中事后监管，完善退市制度，切实保护投资者合法权益。深化创业板、新三板改革，完善多层次股权融资市场，以合格机构投资者和场外市场为主发展债券市场，形成包括场外、场内市场的分层有序、品种齐全、功能互补、规则统一的多层次资本市场体系。

扩大民间资本进入银行业，构建产权协调、混合所有、有效竞争的金融服务体系

进一步发挥民间资本的积极作用，拓宽民间资本投资渠道，在改善监管前提下降低准入门槛，鼓励民间资本等各类市场主体依法平等进入银行业。形成促进各种所有制经济金融主体依法平等使用生产要素、公开公平公正参与市场竞争、同等受到法律保护的良好的制度环境。

规范发展互联网金融，构建主流业态与新兴业态协调发展的金融体系

近年来，在银行、证券、保险等主流金融业态借助网络科技持续快速发展的同时，以互联网企业为代表的新兴金融业态不断涌现，金融业信息化、综合化经营渐成趋势。顺应信息技术发展趋势，支持并规范第三方支付、众筹和P2P（个人对个人）借贷平台等互联网金融业态发展。支持具备条件的金融机构审慎稳妥地开展综合经营。推进各类金融机构大数据平台建设，建立大数据标准体系和管理规范。

坚持绿色发展理念，建设绿色金融体系

绿色是永续发展的必要条件，发展绿色金融是实现绿色发展的重要措施。通过创新性金融制度安排，引导和激励更多社会资金投资于环保、节能、清洁能源、清洁交通等绿色产业。

引导商业银行建立完善绿色信贷机制

通过绿色金融再贷款、财政对绿色贷款的贴息和担保、对商业银行进行绿色评级等手段，鼓励商业银行进一步发展绿色信贷。充分发挥征信系统在环境保护方面的激励和约束作用。支持商业银行建立绿色金融事业部。支持排放权、排污权和碳收益权等为抵（质）押的绿色信贷。

发挥金融市场支持绿色融资的功能

创新用能权、用水权、排污权、碳排放权投融资机制，发展交易市场。支持和鼓励银行和企业发行绿色债券。进一步明确绿色债券的界定、分类和披露标准，培育第三方绿色债券评估机构和绿色评级能力。推动绿色信贷资产证券化。发展绿色股票指数和相关投资产品，鼓励机构投资者投资于绿色金融产品。建立要求上市公司和发债企业披露环境信息的制度安排。建立绿色产业基金。推动发展碳租赁、碳基金、碳债券等碳金融产品。

坚持开放发展理念，构建金融业双向开放新体制

开放是国家繁荣发展的必由之路。全方位对外开放是金融发展的必然要求。推进金融业双向开放，促进国内国际要素有序流动、金融资源高效配置、金融市场深度融合。

扩大金融业双向开放

全面实行准入前国民待遇加负面清单管理制度，有序扩大服务业对外开放，扩大银行、保险、证券、养老等市场准入。推进资本市场双向开放，改进并逐步取消境内外投资额度限制。提升股票、债券市场对外开放程度，有序拓展境外机构参与银行间债券市场的主体范围和规模，扩大境内机构境外发行债券的主体类型和地域范围，放宽境外机构境内发行人民币债券限制。建立与国际金融市场相适应的会计准则、监管规则和法律规章，提升金融市场国际化水平。

深化内地与港澳、大陆和台湾地区金融合作。支持香港巩固国际金融中心地位，参与国家双向开放、“一带一路”建设。支持香港强化全球离岸人民币业务枢纽地位，推动香港金融服务业向着高端高增值方向发展。支持澳门建设中国与葡语国家商贸合作服务平台。加大内地对港澳金融开放力度，加快前海、南沙、横琴等粤港澳金融合作平台建设。推动海峡两岸金融业合作及贸易投资双向开放合作，推进海峡西岸经济区建设，打造平潭等对台经济金融合作平台。开拓我国经济金融对外开放新局面，形成深度融合的互利合作新格局。

有序实现人民币资本项目可兑换

转变外汇管理和使用方式，从正面清单转变为负面清单。放宽境外投资汇兑限制，放宽企业和个人外汇管理要求，放宽跨国公司资金境外运作限制。允许更多符合条件的境外机构在境内市场融资。加强国际收支尤其是跨境资本流动的监测、分析和预警，加强审慎管理和反洗钱、反恐怖融资审查，保持国际收支基本平衡。完善外汇储备管理制度，多元化运用外汇储备。

推进“一带一路”建设，加强同国际金融机构合作，参与亚洲基础设施投资银行、金砖国家新开发银行建设，发挥丝路基金作用，吸引国际资金共建开放多元共赢的金融合作平台。推动建立多元化的全球融资框架，实现我国金融资产全球布局。

推动人民币加入特别提款权，成为可兑换、可自由使用货币

树立对人民币的信心，推动人民币加入特别提款权（SDR）篮子货币，推动人民币成为可兑换、可自由使用货币。进一步加强双边和多边货币金融合作，以服务“贸易投资和产业链升级”为重点，从巩固人民币计价结算货币地位，向支持人民币的市场交易和国际储备功能推进。扩大人民币在周边国家和新兴市场区域化使用的便利性，逐步向国际金融中心和发达国家延伸。推动人民币对其他货币直接交易市场发展，更好地为跨境人民币结算业务发展服务。“十三五”期末，预计人民币跨境收支占我国全部本外币跨境收支的比例将超过 1/3，人民币将成为一种国际性货币。

积极参与全球治理，以更加包容的姿态参与全球经济金融治理体系

顺应经济全球化潮流，加强宏观经济政策国际协调，促进全球经济平衡、金融安全和经济稳定增长。支持发展中国家平等参与国际经济金融治理，促进国际货币体系和国际金融监管改革，推动国际经济金融秩序向着平等公正、合作共赢的方向调整。积极参与全球经济金融治理和公共产品供给，提高我国在全球经济金融治理中的制度性话语权和国际性影响力。

坚持共享发展理念，发展普惠金融

共享是中国特色社会主义的本质要求，是缩小收入差距、推动经济可持续发展的有效途径。普惠金融是让每一个人在有需求时都能以合适的价格享受到及时、有尊严、方便、高质量的各类金融服务。

加强对中小微企业、农村尤其是贫困地区的金融服务

发展多业态的普惠金融组织体系，构建多层次、广覆盖、有差异的银行机构体系。发挥政策性金融和商业性金融的不同作用，整合各类扶贫资源，开辟扶贫开发新的资金渠道。深化农村金融改革，鼓励国有和股份制金融机构开拓“三农”和小微企业市场，提高农村信用社治理水平和服务能力。发展能够高效便捷低成本地提供融资、汇款、结算和支付等基本金融服务的各类金融机构。支持小微企业依托多层次资本市场融资，扩大中小企业各类非金融企业债务融资工具及集合债、私募债发行。支持并规范移动互联支付、小额贷款等创新性、专业性、社区性金融业态发展。建立全国土地当量核算和配额交易机制，服务于国家粮食安全、农业现代化和新型城镇化。综合运用财税政策、货币政策和监管政策，引导金融机构更多地将信贷资源配置到“三农”、小微企业等重点领域和薄弱环节。

完善农业保险制度，探索建立保险资产交易机制

推进保险业市场化改革，提高农业保险覆盖面，增加涉农保险品种，提高农村保险深度和密度，改善政策性保险资金使用效率。加快建立巨灾保险制度，推动巨灾保险立法进程，界定巨灾保险范围，建立政府推动、市场运作、风险共担的多层次巨灾保险体系。通过债权、股权、不动产等多种投资渠道，促进保险资金价值投资和长期投资。

完善筹资机制，建立更加公平更可持续的社会保障制度

拓宽社会保险基金投资渠道，加强风险管理，提高投资回报率。健全医疗保险稳定可持续筹资机制，鼓励商业保险机构参与医保经办。

坚持底线思维，实现国家金融治理体系和治理能力现代化

随着我国经济由高速增长转变为中高速增长，原来被高速度所掩盖的一些结构性矛盾和体制性问题逐渐暴露出来。切实防范和化解金融风险是未来 5 年我们面临的严峻挑战。

加强金融宏观审慎管理制度建设，加强统筹协调，改革并完善适应现代金融市场发展的金融监管框架

借鉴危机后国际金融监管改革经验，构建宏观审慎与微观审慎互相补充、货币政策与审慎管理统一协调的金融管理体制。探索将系统重要性资产扩张活动纳入宏观审慎管理范畴。加强对系统重要性金融机构、金融基础设施和外债宏观审慎管理。

健全符合国际标准的监管规则，建立安全、高效的金融基础设施

强化综合经营监管，实现新型金融业态监管全覆盖。强化对金融控股公司，以理财产品、私募基金、场外配资等为代表的跨行业跨市场交叉性金融业务监管全覆盖。构建集中统一的货币支付清算和金融产品登记、托管、清算和结算系统，建设统一共享的金融综合统计体系和中央金融监管大数据平台，实现各监管机构充分及时的信息交换。加快金融监管转型，确立以资本约束为核心的审慎监管体系。

建立国家金融安全机制，防止发生系统性金融风险

金融安全是总体国家安全的重要基础，金融改革成败取决于金融安全，社会公众对金融体系具有充分信心是金融安全的基本内涵。建立国家金融安全审查机制，健全金融安全网，完善存款保险制度职能，建立风险识别与预警机制，以可

控方式和节奏主动释放风险，全面提高财政和金融风险防控和危机应对能力。完善反洗钱、反恐怖融资监管措施，建立金融处罚限制制度，有效应对极端情况下境外对我国实施金融攻击或制裁。有效运用和发展金融风险管理工具，降低杠杆率，防范系统性金融风险。

让“双创”成为发展新动能

张军扩
国务院发展研究中心副主任
张永伟
国务院发展研究中心企业研究所副所长

大众创业、万众创新（“双创”）是国家基于转型发展需要和国内创新潜力提出的重大战略，旨在优化创新创业环境，激发蕴藏在人民群众之中的无穷智慧和创造力，让那些有能力、想创业创新的人有施展才华的机会，实现靠创业自立，凭创新出彩。国家为推进“双创”已出台了很多政策，在很大程度上改善了创新创业环境，人们选择就业或创业的余地增加了，在不少领域出现了很多创业创新亮点，新的经济增长点也不断涌现，“双创”在支撑经济和社会发展中的作用日趋凸显。

大众创业、万众创新并不是谋求让所有人放下本职工作都去创业，但却又与多数人相关，毕竟创新创业不是少数人的专利。创新创业既要政府支持，又必须让市场在其中发挥基础性作用，如何更好地发挥二者作用，创造一个更良性的创新创业环境，这是搞好“双创”工作的核心。为防止“双创”工作被片面化理解，防止昙花一现，防止行为扭曲，需要进一步明晰“双创”的内涵和战略意义，厘清工作思路，完善政策体系，加快构建“双创”生态系统。

推动“双创”是符合我国国情的重大战略

“双创”是基于我国经济进入新常态的发展需求，致力于打造经济发展的新动能。进入新阶段后，我们已彻底不能再延续传统的发展方式，必须从根本上依靠创新驱动，调整经济结构，提高经济发展质量。“双创”是探索建设创新型国家的一条新路径，通过“双创”产生更多铺天盖地的创新，与科技突破相辅相成，构成有系统、多层次的国家创新体系。更重要的是，“双创”将创新与创业相关联，用创业牵引创新，用市场需求拉动创新，实现产学研自然贯通，让市场在创新中起决定性作用。在“双创”中会产生很多新业态、新产业、新模式，并使传统的服务业领域被大大拓展，新的经济增长点不断涌现，这样积少成多，“双创”就会逐渐成为调整经济结构的重要依托。

“双创”是基于我国人力资源丰富、国内市场大、工业体系完备等特有优势和巨大潜力，致力于激发全社会的创新潜能和创业活力。20世纪80年代的土地承包制改革激发了亿万老百姓的劳动积极性，现在我国有13亿多人口、9亿多劳动力，如果把这其中蕴藏的无穷智慧和创造力再次激发出来，人民面貌将会发生重大改变。中国的市场潜力巨大，即使一个细分的边缘市场都可以支撑成千上万个企业发展。我们还有多年形成的完备工业体系，有了创意、设想、创新技术，实现产品化、规模化非常容易，也更加快捷。再加上全球化带来的便利，创业的机会、成功的概率都会大大提升，这反过来更能提升人们对创新创业的信心和期望。

“双创”是基于人们对机会公平、权利公平的内在追求，致力于探索劳动致富、共同富裕、社会公平的新路径。人们靠“双创”有了更好的出路，过上更好的生活，无收入者变成有收入者，低收入者更多变成中等收入者，收入分配结构得到改善。大学生不一定毕业就进机关、进大公司，有本领、有能力的毕业就可创业，或者有过一段工作经历后再创业，人生通道变多了，就业矛盾也会得以缓解。“双创”一旦蔚然成风，社会风气也会因此改观，人们不再去膜拜权势，而是追求靠本事建业、立业，社会也会更加公平、公正。

“双创”是基于全面深化改革的内在要求，致力于寻找更多的改革突破口。从历史经验看，最宜取得成功的改革是与百姓利益最相关、能让人们尽早受益的改革。“双创”关乎每一个人，人们在创新创业中最关心的事，就是改革要率先突破的领域。如要给创业者释放更多的机会，就需要加快推进要素市场改革，尤其是垄断行业和金融改革；要降低创新创业门槛，就需要推进政府改革，简政放权，降低创业成本；要调动创新创业积极性，就需要完善社会信用机制、创新激励机制、社会保障机制，让人们放心去创新，安心去创业，减少后顾之忧。

“双创”带来了新变化

创新创业环境得到改善。政府通过实施简政放权、放管结合、优化服务等改革，出台减少小微企业税费、化解融资难等政策，推动“互联网+”“中国制造2025”等行动，一些长期束缚创新创业的障碍得以消除消减，创业门槛得以降低。在一些市场化程度较高的城市，由于持续改善本地的行政、市场、融资、司法、公共服务等综合环境，创新资源不断向这些地方集聚，甚至在深圳等城市还吸引了美国硅谷等地的大量外国创客、极客等来创业。这进一步说明，改善环境是推进“双创”的重中之重。

创业热情高涨。创业主体更加多元化，创业“新四军”的带动效应明显。首先，留学自主创业大幅增加。2008年，留学人员回国自主创业人数约5万人，

2014 年达到了 36.48 万人，自主创业人员占归国人员比重超过了 15%。其次，科技工作者带动的科技型创业备受瞩目，有一技之长、带着成果转化、看准市场需求去创业的科技工作者相比其他创业者更具优势，更有成功把握，创业的财富溢出效应也更明显。再次，大学生选择创业的比例明显提升，2013 年为 2.8%，2015 年达到 6.3%。最后，农民工自主创业人数增加，回乡创业、在打工地创业，成为新阶段农民工致富的重要途径。

创业创新路径多元化。过去在技术和社会条件不具备的情况下，创业比较困难，创新也更多是在大企业内开展的技术活动。在互联网普及和技术变革时代，只要看到了市场需求，或者有技术突破的能力，就很容易诞生一批新生企业和新兴产业。这两年在“互联网 +”或者“+ 互联网”大潮中，电子商务、互联网医疗、交通互联等新业态出现了井喷式发展，形成了创新创业的丛林。过去的一些工业大企业也从封闭式创新转向开源创新、平台创新，过去的内部研发人员利用大企业平台，既自己创业，又为大企业提供源源不断的新创意、新技术，实现了共赢。众包、众扶、众创、众筹等创新方式也迅速发展，一些新兴的创新载体如淘宝村、电商平台、众创空间、新型孵化器、转化基地等也大量涌现。据初步统计，全国淘宝村已超过 200 多个，电商园区 510 个，各种类型的孵化器超过 1 700 家，有 8 万家企业在孵。在北京的中关村还出现了很多“创新系”，如联想系、新浪系、金山系等，主要是由大企业和一些从大企业出来创业的员工开办的众多新生企业组成。之所以称系，是因为新生企业从事的业务多是大企业不想做或者看不到、做不了的事，它们相互之间彼此多多少少有关联，但少了同业竞争，多了合作、兼容、互补、共生，其中很多还是原企业资助或参股的。这些创新系构成了一种新的创新生态。

就业结构发生大变化。在经济下行压力较大，一些传统产业要去产能、去库存从而减少就业岗位的情况下，新增就业更多地要依靠中小微企业，依靠发展服务业。通过商事制度改革，2014 年我国新增各类市场主体达到 1 200 万户，

2015 年平均每天有 1 万户企业诞生，31 个大城市失业率保持在 5.1% 左右，经济增速放缓但就业平稳，主要归因于新生市场主体创造了大量就业机会。从产业对就业的贡献看，一些重资本型产业如钢铁、化工等，投资量大，但工厂自动化、智能化程度越来越高，吸纳的劳动力非常有限，一个千亿元投资的钢厂就业人数不超过 2 000 人，平均 5 000 万元创造不到一个就业岗位。如果说创造经济增长的主要目的是为了保就业，"双创"虽然短期内不能成为支持增长的支柱性力量，但对就业的贡献确实更大。假设一下，如果 1 000 亿元投向"双创"，其就业人数会是一个钢厂的几千倍、上万倍。

社会投资更加活跃。多元、海量的市场主体必然会拉动和放大投资，投向创新、创业的资本也越来越多。如 2015 年上半年主要以小微企业和早期创业者为投资目标的天使投资额达到约 48 亿元，同比增加了 200%，初创期投资项目占比超过 60%。截至 2016 年 2 月 5 日，在新三板上市的公司有 5 687 家，总市值约 2.57 万亿元。众筹融资供需规模都很大，2015 年上半年众筹行业成交额逾 50 亿元，超过 2014 年的两倍，行业全年交易规模有望达到 150 亿元至 200 亿元，其中绝大部分是股权众筹。

尊重规律，科学作为

"双创"有丰富的内涵，也有其自身规律性。须端正认识，尊重规律，既要主动作为，又要防止乱作为，关键是处理好政府与市场的关系，明晰二者边界。在调动和保护各方积极性的同时，也须及时纠正实践中一些违背规律的做法。

正确理解"大众创业、万众创新"的内涵。大众创业、万众创新并不是让所有人不计条件、不计失败地去创业、去搞创新，就像当年的大炼钢铁一样，全民炼钢，一哄而上，造出的却多是废品、次品。大众与万众本质上强调的是人民创造力，创业与创新一定是因人而异，因时而异，因地而异。从创新实践看，有过工作或创业经历的人、有一技之长的科技人员创业风险相对较小。而大学生热情更高，但由于经验不足失败风险偏高，因此在校或刚毕业的大学生是“双创”的重要参与者，但不是主体。

正确认识“大众创业、万众创新”与小众成功的关系。相比于常规经济活动，创新是高风险的，特别是创业，失败率更高，发达国家的创业成功率也只在5%左右。当然衡量创业成功的标准不一样，有些小企业在发展初期很快被卖掉，从统计上看是不成功的，但从创业者来看，可能就是一次资产变现，甚至是成功转型。为什么这么低的成功率、这么高的风险性还有人愿意去创呢？主要归因于激励引导和风险分担。一旦创业创新成功，其个人和社会收益是巨大的，会产生非常强的正向激励，而且经常是你方唱罢我登场，大家都可能有机会。因此支持政策的重点要放在对激励机制的创造和保护上。失败的创新也是有益的，至少减少了全社会的试错成本，因此国家和社会有责任来为之分担风险、分担失败，做到让他们没有太多的后顾之忧。从这个意义上讲，我们必须加快完善社会保障体系，同时政府也要承担必要的投资与金融风险。只有这样，我们才会看到有越来越多的创业创新者不断成长起来，用不着人为地扭曲创新规律来制造假的成功率。高收益性、低成功率恰恰是创新的魅力所在。

防止用工业化和运动式思维来推进“双创”工作。创新创业是主体多元、分散决策，政府在其中很难像过去推动大工业那样可以定方向、定项目，甚至由政府直接操作。这就需要我们用创新的思维、方式、手段来推动“双创”，不能再老调重弹。一些地方用跑马圈地的方式建了很多“双创”园区，用招商引资的方式引进来一些创客或平台，看上去很热闹，但由于没有形成完备的创业创新生态，缺乏有内在关联的经济关系，如果不及早提升或转型，这种方式建立起来的“双创”基地、园区难以持续下去。更要注意在“双创”中走形式主义和搞运动，甚至有些地方把菜市场简单改造后一夜之间就挂上了创客空间的牌子，典型的劳民伤财，毁了“双创”的名声。更有一些地方急着树典型，出业绩，把一些没有实质性创新的项目包装成成功案例，天天拉着去介绍经验，这样下来，即使是好企业，也容易死在传播经验的路上。

加快完善支持“双创”的政策体系。创新创业需要支持，但不能溺爱，既要做到支持有力和确保已有政策落地，更要防止一些地方大把拿钱粗放撒钱的做法。目前“双创”的政策短板主要体现在金融、人才、政府办事三个方面。银行应在“双创”上有更大作为，但早期并不是主力，要充分发挥资本市场、金融产品创新、社会资本在支持创新创业融资中的重要作用，让资本链无缝对接创新链和产业链，让创新创业者在不同发展阶段都能得到相应的金融支持。要进一步解放科学家和科技人员，支持更多的科技型人才走上创新创业道路，使之成为“双创”的引领性力量。政府改革仍任重道远，创新创业者更容易与政府打交道，才是创新创业者最期盼的情景。

努力构建创新生态系统。创新创业需要一个栖息地，有适宜的土壤、空气和阳光，有些东西可能看不到，但是必需的，市场化、竞争、信息、经济关系就是这个栖息地生态系统中最重要的组成部分。创新创业与市场化程度是相向而行的，更相信和依靠市场、经济成分和市场主体更加多元、社会环境更具包容的地方，“双创”才会有生长的土壤。“双创”不是盆景，往往是在竞争中野蛮成长起来的，是创业的丛林，竞争就是“丛林法则”。“双创”不依托公平竞争的环境，就等于树木失去了空气。信息交流对创新创业者是非常渴望的软环境，这就是为什么大城市更能吸引创新者的一个重要原因，在那里大家可以有更多交流与碰撞。在一个地方有几家成长好的大型企业和好一些的大学及科研机构，这对“双创”非常重要，有利于形成紧密的产业关联和低交易成本的经济关系，大家分工合作，大学有技术外溢，大企业进行产业化和创新集成，创新创业者与前两者的关系或紧密或松散，共同构成了一个充满活力的创新生态体系。

信息化促进中国经济转型升级

隆国强
国务院发展研究中心副主任

中国经济进入新常态，实现转型升级成为中国经济发展的关键。自工业革命以来的人类历史表明，重大技术革命是推动经济转型升级的巨大动力。当前，信息技术引领新一轮技术革命浪潮。牢牢把握信息化带来的重大机遇，实施信息化促进经济转型升级的战略，对我国未来发展具有十分重大的战略意义。

信息化将有力地推动中国经济转型升级

信息技术革命方兴未艾。自20世纪后期以来，信息技术革命进入加速推进的时期。当前，以物联网、云计算、移动互联网、大数据为代表的新一代信息技术突飞猛进。新一轮信息技术呈现出不同以往的新特征，围绕海量信息采集、传输、处理、应用的各个环节技术的同步推进，导致信息化推进更为迅猛，渗透更加广泛深入，影响更加深远。

信息化已经而且将更加深刻地影响各国经济社会发展。信息化已经催生了巨大的新经济部门，IT（信息技术）产业已经成为最大的产业部门之一，国内外都在这些产业部门出现了不少巨型企业，如微软、苹果、英特尔、阿里巴巴、腾讯等。

不仅如此，信息化推动传统产业的转型升级，更加值得重视，从第一产业、第二产业到第三产业，各行各业均不同程度受到信息化的渗透，有的部门正在出现颠覆性变化。商贸、物流、金融等传统服务业发生着深刻变化，制造业也呈现出智能化、网络化、模块化、柔性化的新特点。

信息化不仅带来技术革命，而且推动商业模式的创新层出不穷，甚至影响到人们的思维方式和行为方式。信息化影响之深刻，前所未有，对此应有充分认识。

面对信息化带来的战略机遇，各国政府主动制定战略，引导产业转型发展。一向反对产业政策的美国政府，制定了“重振美国制造业”战略，新一代信息技术与制造业的融合是其重要内容。德国政府在 2010 年发布《高技术战略 2020》，提出了“工业 4.0”项目，其工作组在 2013 年发布了《保障德国制造业的未来：关于实施“工业 4.0”战略的建议》，把工业与信息化融合为基本特征的“工业 4.0”称为继机械化、电气化、信息化之后的第四次工业革命。其他一些发达国家也制定了类似的战略。

中国政府高度重视利用信息化推动经济转型发展。早在 2002 年党的十六大上，中央就提出了“以信息化带动工业化，以工业化促进信息化”的新型工业化道路的指导思想；党的十七大提出了“大力推进信息化与工业化融合”的“两化融合”概念；党的十八大要求实现工业化与信息化深度融合；2015 年《政府工作报告》提出了“互联网 + ”和“中国制造 2025”战略；2016 年两会首次将“新经济”写入《政府工作报告》。

能否抓住信息化机遇，实现经济转型发展，已经成为各主要国家抢占未来全球竞争制高点的核心内容。对我国而言，经济发展进入新常态，面临着跨越“中等收入陷阱”的艰巨任务，把握好信息化推动经济转型升级的机遇，不仅可以为经济发展提供新动力，而且可能实现针对发达国家的“弯道超车”，具有十分重大的战略意义。

信息化推动中国经济转型升级的有利条件与挑战

抓住信息化机遇，推动我国经济转型升级，我国具有不少有利条件，但也面临不少挑战，要深入分析，准确判断，扬长避短，趋利避害。

有利条件

第一，雄厚的信息产业基础。经过多年的发展，我国 IT 产业发展迅猛，目前已经成为世界上最大的 IT 产品出口国和仅次于美国的第二大 IT 生产大国。世界上信息产业巨头企业，无论硬件商还是软件商，绝大部分在华有投资和生产研发活动，我国已经汇聚了全球信息产业链诸多重要的环节。

本土企业快速发展，涌现出一批像华为、中兴、联想、浪潮等具有全球影响力的信息产品生产商，同时也拥有像百度、阿里巴巴、腾讯等规模位居世界前列的信息服务商。其中，华为、中兴、腾讯均位列 2014 年全球专利申请最多公司的前 25 名，充分体现了本土信息产业的研发创新能力。

我国不仅设计生产出了世界运算速度最快的天河计算机，而且在信息通信技术国际标准制定中的影响力也不断提升，取得了以 TD–SCDMA（时分—同步码分多址）、AVS（音视频编码标准）、WAPI（无线局域网安全强制性标准）等为代表的具有自主知识产权的多项标准。

第二，本土市场潜力巨大。信息产品与服务的全球市场正在形成，但本土市场规模仍具有多方面的重要意义。我国本土市场巨大，截至 2014 年 12 月，我国网民数量达到了 6.49 亿，网民普及率达到 47.9%，仍有巨大的扩张空间。我国智能手机日益普及，通过手机上网的网民数量达到 5.57 亿。智能手机的普及有力地降低了普及上网的成本。电子商务交易额超过美国成为世界第一。

巨大的本土市场为信息技术创新、商业模式创新提供了有利的条件，为我国培育一大批具有国际竞争力的新经济企业提供了土壤。更应看到的是，我国作为世界最大的发展中经济体，很多传统产业与发达经济体仍存在明显差距，应用信息技术改造传统产业的潜力更大。

从农业到采掘业，从工业到服务业，各行各业都已经不同程度地在运用信息技术进行改造升级，有的是传统企业主动运用信息技术，有的是新经济企业主动侵入传统产业，这一历史进程已经拉开帷幕，虽然各行各业进展程度不一，但总体仍处于信息化改造传统产业的初级阶段，未来将进入加速推进阶段，潜力巨大。

第三，运用信息化推进经济转型发展正在成为全民共识与行动。作为一个发展中大国，我国政府对新技术革命的发展趋势十分重视，早在2002年就提出"以信息化带动工业化，以工业化促进信息化"的新型工业化道路，这在全球都是最早的。随后我国政府制定了多个信息化促进经济转型发展战略，如2006年《国家信息化发展战略（2006—2020）》，2010年国务院《关于加快培育和发展战略性新兴产业的决定》，以及发展改革委、工业和信息化部等多个部委制定发布了关于两化融合、智慧城市、云计算等多部战略与指导意见文件，2015年又提出了"互联网+"和"中国制造2025"战略。

在市场主体层面上，信息技术与商业模式的创新取得了巨大成功并形成了强大的社会示范效应。阿里巴巴的支付宝、小米手机、腾讯微信等创新成果，得到了包括资本市场在内的广泛认同，取得了商业上的巨大成功，产生了强大的社会示范效应。

如果说早期信息化的推进还依赖于政府的电子政务加以推动，今天市场化已经成为基本动力。在大众创业、万众创新的氛围下，风投、孵化器、创客空间等遍地开花，利用信息化开展技术创新或商业模式创新已经蔚然成风。传统企业主动运用信息化技术与信息化企业主动进入传统产业，交相辉映，成功案例不断涌现，示范意义持续放大。

问题与挑战

虽然信息化推动经济转型取得了重要进展，具备良好条件，但是，仍然面临很多问题与挑战，对此必须要保持清醒认识。

第一，核心技术设备与国际先进水平差距明显。我国信息产业的龙头企业多处于产业链下游，对于信息化至关重要的芯片、操作系统等核心软硬件技术、设备，我国企业与国际先进水平存在明显差距。

第二，信息安全挑战巨大。信息安全是国际性的挑战，发达国家同样面临信息安全挑战，但由于我国缺乏核心技术，信息安全形势更为严峻。

第三，信息化基础设施发展滞后。由于技术、体制、政策等多方面原因，我国信息化基础设施发展滞后，网络覆盖面不足、网速低、费用高，制约信息化发展。

第四，创新导向的金融服务体系尚不完善。尽管越来越多的投资者开始看好信息化发展的前景，各级政府、金融机构采取了多项措施，但是，目前为止，我国大部分成功的信息化企业如百度、阿里巴巴、腾讯，均在境外资本市场上市且外国投资者占据相当比例股份。这表明，我国尚未建立起一个适应市场需要的创新导向的金融服务体系。

第五，适应信息化需要的制度环境尚待建立完善。信息化对制度环境会提出新的要求，例如，信息化带来的业务创新如互联网金融如何监管？基于信息化的商业模式创新的知识产权是否需要保护、如何有效保护？大数据带来的信息安全问题如何保障？必须认识到，传统的监管理念和管理制度已经远远不能适应信息化发展的需要，信息化对理念、制度、手段的冲击可能是颠覆性的。这就要求我们必须前瞻性地研究信息化发展需要的制度环境，形成不断完善制度环境的有效机制。

实施信息化推动经济转型升级“2 + 2”战略的政策建议

为加快信息化推动经济转型升级步伐，必须制定有效的发展战略。从我国实际出发，我们认为，我国应该实施由两大领域与两大动力构成的信息化促进经济转型升级战略（简称“2 + 2”战略）。信息化推动经济转型升级的两大领域是指发展信息技术新兴战略性产业和采用信息技术提升其他产业，两大动力是指技术创新和商业模式创新。通过“2 + 2”战略，推进经济结构升级，提升质量效益，增强国际竞争力，为实现两个百年目标奠定坚实基础。

实施“2 + 2”的转型升级战略，需要官、产、学、研各界的共同努力，各自要批准定位，各司其职。企业是主体，政府具有不可替代的作用。政府应着力做好以下几个方面工作。

第一，按照“2 + 2”战略部署，整合完善现有相关战略与举措。当前，有必要根据新一代信息技术发展趋势以及我国信息化发展形势的需要，对原有的信息化及其他相关战略进行修订完善。可以考虑将“互联网 + ”充实拓展为信息化促进传统产业创新发展、转型升级战略。“两化融合”战略只覆盖了工业，在推进“中国制造 2025”战略时，应适当拓展为“中国工业 2025”，并尽快制定“农业信息化战略”和“服务业信息化战略”。

第二，用开放包容的思维对待信息化创新，采取“跟进式”制度建设模式。新一代信息技术与信息化创新和商业模式创新，无论用于新兴产业还是传统产业，都会带来诸多新变化，而且具有试验性，成功与否最终靠市场来检验。如果从一开始就强求规范，过严监管可能导致其早夭，但没有制度与监管也不利发展。因此，对这些领域的创新，需要以开放包容的思维来对待，制度建设可以逐步跟进，不断完善。

第三，大力完善信息化基础设施。实施“宽带中国”战略，建设高网速、低价格的全国宽带网络，这既利短期稳增长，又利长期调结构、促升级。加快电信领域的准入与监管改革和国有电信企业改革，进一步引入竞争，形成具有国际竞争力的合理价格。

第四，建设开放创新体制环境，突破信息化核心技术设备瓶颈。信息技术更新快，封闭式创新只会拉大与先进水平的差距。因此，必须用全球视野和开放胸怀，充分利用全球的人才、资源、技术和市场。打造中资跨国公司，鼓励国内企业深化与外资跨国公司的合作，整合境内外研发资源，开展技术创新。加强对知识产权的保护。以创新导向为目标，深化金融改革，引导资金支持创新。

第五，以技术与管理为双抓手，加强信息安全建设。信息安全既涉及个人隐私保护，又关乎国家安全。解决好信息安全问题也有利于促进信息化本身的推进。加强信息安全建设，一靠技术，二靠管理。既要加快核心技术设备研发生产，又要完善监管制度，健全管理机构与手段，以中央网络安全与信息化领导小组及其办公室为统领，加强部门协调配合，克服政出多门、多头管理的弊端。

发展新经济，制度高于技术

吴敬琏
国务院发展研究中心研究员

如何发展“新经济”？

20多年来，中国政府一直强调高新技术产业基本方针。更早以前，还在新技术革命呼之欲出的20世纪60年代初期，我国就已提出“发展新工业”的口号。但是应当说，我国高新技术产业的发展是不尽如人意的。

在执行“科教兴国”方针的今天，需要总结以往的经验教训，规划今后的道路，以免再走弯路。

任何一种产业的发展，都是土地、劳动、资本、技术、管理等多种生产要素综合作用的结果。高新技术产业的特点在于，在诸种要素中，人力资本在该产业的发展中起决定性作用。但在过去很长时期里，我们不恰当地估计了技术本身演进的推动力，以为只要充分运用政府动员资源的能力，投入足够的资金和人力，去开发和引进各项高新技术，就能保证高新技术产业的快速发展。事实证明，这不是一条多快好省发展高新技术产业的途径。

本文的目的，是从以下四个方面分析常见的误区，以便更好地发挥各种生产要素的作用，更快地发展我国的高新技术产业。

推动技术发展的主要力量是技术自身的演进还是有利于创新的制度安排？

既然高新技术产业是建立在高新技术的基础之上的，当谈到推动高新技术产业发展的动力问题时，人们自然会首先想到技术自身的发展。同时，我国许多领导、工作人员都熟知生产力决定生产关系、经济基础决定上层建筑的历史唯物主义原理，于是其中一些人对这一原理做了机械的理解，认为既然技术进步和生产力发展才是决定生产关系和上层建筑的本原性的东西，要发展高新技术，首先要做的事当然就是发展技术本身了。所以，数十年来我们制订了许多发展新兴产业、高新技术以及知识经济的规划，其中不少规划存在着就技术谈技术的偏向，把注意力放在如何投入更多的人力物力去研究开发新技术，采用更灵活更有效的方式去引进新技术上，而没有在做出有利于创新的制度安排上下功夫。当出现了科研成果向生产转移的速度过慢、企业缺乏技术创新的积极性等老大难问题时，不从克服企业制度、激励机制存在的缺陷着眼去解决问题，而试图通过提高创新意识、加强技术进步指标考核去加快技术进步和技术改造的进程，结果往往劳而无功，情况没有任何改善。

其实，现代关于技术和制度变迁历史的研究、关于技术进步与制度安排之间关系的理论，早就否定了上述对生产力与生产关系、经济基础与上层建筑之间关系的机械理解。例如，道格拉斯·诺斯和罗伯特·托马斯的名著《西方世界的兴起》指出，18 世纪以后西欧之所以首先出现经济迅速发展、人均收入迅速增长的局面，是由于这些国家具有更有效率的经济组织和保障个人财产安全的法律体系，而这种比较完善的经济组织又是中世纪以来将近1 000年间长期演变的结果。其中，荷兰和英国表现尤其突出，其原因是这里的居民享有比西班牙、法国和欧洲其他地方更能抗拒当地政治、宗教或城市行会势力的压迫、垄断和横征暴敛的能力，因而身家财产比较有保障，也能比较自由地经营企业。

以研究技术发展史闻名的美国经济学家内森 · 罗森堡和L · E · 小伯泽尔的名著《西方致富之路——工业化国家的经济演变》中，就科学技术本身而论，直到15世纪，中国和阿拉伯国家显然高于西欧，但西方国家很快后来居上，在经济上大大超过东方国家，原因是西欧在中世纪中后期建立了一种有利于不断创新的社会机制。18世纪末、19世纪初产业革命的发生，有一个增长体制作为基础。这个增长体制是在中世纪中后期的商业革命中逐步形成的，例如复式簿记是13世纪发明的，公司制度是在17世纪初出现的。产业革命其实是革命的直接结果。

由此得出的结论是：如果我们热心于发展我国的高技术产业，就应当首先热心于落实各项改革措施，建立起有利于高新技术以及相关产业发展的制度。这样的制度安排才是推进技术进步和高新技术产业发展最强大的动力。

保证高新技术产业健康发展的关键是充分发挥人力资本的潜能

高新技术产业和传统产业的最大区别，在于它是建立在知识的基础上的。换句话说，在生产诸要素中，人力资本要素扮演着最为关键的角色。因此，检验一种制度安排是否适当的最终标准，在于它是否有利于发挥作为人力资本的专业人员的积极性和创造力。

在这个问题上，一个常见的认识误区是以为只要有高额的研发投资和建设起足够多的大型企业，就足以推进高新技术产业迅速发展。这是一种在计划经济下形成的错误观念。一说发展高新技术产业，首先想到的就是铺摊子、建项目、扩研究机构和生产企业。事实上，这并没有抓住事物的根本，结果是投入多，效益低，浪费了大量宝贵的资源，却看不到多大的效果。

近年来西方一些对高新技术产业发展的研究表明，决定一个国家、一个地区乃至一个企业高新技术发展状况的最主要的因素，不是物质资本的数量和质量，而是与人力资本潜力发挥相关的经济组织结构和文化传统等社会因素。

美国学者安纳利·萨克森尼安的《地区优势：硅谷和128公路地区的文化与竞争》对造成美国这两个主要高新技术产业基地发展差异的社会经济文化因素做了深刻的比较分析。这本书在1994年一出版，就引起了各地区发展政策制定者和业内人士的极大关注，原因是尽管128公路地区与硅谷开发相近的技术，在同一市场上活动，结果却是后者蒸蒸日上，前者逐渐走向衰落。需要对这种现象做出解释。作者令人信服地证明，产生这种差异的根本原因于，二者的制度环境和文化背景完全不同。这本书的作者写道：人们，包括硅谷人，往往都没有意识到硅谷那种合作与竞争的不寻常组合同其他要素共同构成的制度环境给他们带来的成就。其实，硅谷的这种地区优势才是使硅谷企业迅猛发展的重要因素。

开端条件。128公路地区的新技术产业诞生在美国最老的工业基地新英格兰地区。作为128公路地区新技术产业主要依托的麻省理工学院（MIT）教授和毕业生们战争年代在华盛顿的显赫地位显然对128公路地区技术产业的兴起起了重要作用。硅谷地区的工业虽然也受惠于战时国家科研基金和军事订货，但是它所在的加利福尼亚州毕竟远离首都，这就形成了麻省理工学院以政府和成熟的大公司为导向、而作为硅谷中心的斯坦福大学则着重为小企业提供重要机会的传统。

企业模式。128公路地区的大公司具有分散的自给自足的组织结构，使它们偏重于在企业内部孤立地进行技术改进，而对市场信息的重要性往往熟视无睹，并且在实验和学习中缺乏自由全面的讨论。硅谷企业家们摒弃传统的企业模式，力图把企业建成不存在社会差别的共同体，使每一个成员都把共同的目标转化为自己的个人追求。大多数公司实行灵活的工作制，让职员拥有一定的公司股票。以上种种机制使得人力资源从128公路地区流向了硅谷，尽管后者的房地产售价远高于前者，但却丝毫没有影响硅谷强大的吸引力。

文化传统。128 公路地区的新英格兰传统使这里等级森严、僵化、保守。硅谷则不理睬繁文缛节，造就了一批勇于进取和敢于冒验的人，任何等级制度在这里毫无意义。企业也采用灵活的工作制，人们倾向于高度的不拘小节，这种随意使他们得以共享理念并迅速行动。硅谷的厂商信息传递速度比美国其他任何地方都高得多。变化是其最重要的文化特征之一。许多工程师的求职信条是：富有创造性的小公司胜过大公司。

由此得出的结论是：我们如果希望本地区的高新技术产业蓬勃发展起来，就不能只盯着物质资本或技术本身，而要把主要的注意力放到创建有利于发挥人力资本作用的经济体制、社会文化环境上。

第一，支持一切有创业能力和愿望的人创立自己的事业；放手发展中小企业；把目前大量存在的产权边界模糊、政企职责不分、内部管理混乱、不注意增强自己的核心能力的经济单位改造成为真正的企业。

第二，建立游戏规则，确立能够保证公平竞争和优胜劣汰的市场环境。

第三，摒弃中国传统文化中某些不利于人的潜能发挥的评价标准和落后习俗，努力营造宽松、自由、兼收并蓄、鼓励个性发展和创造的文化氛围，从而激发人们的聪明才智，为高新技术产业的发展做出创造性的贡献。

怎样建立有利于创新的融资机制？

我们强调人力资本在高新技术产业的发展中居于关键地位，并不是说其他生产要素的作用可以忽略不计。事实上，当一种高新技术从研究阶段步入开发阶段以后，对物质资本的需要就与日俱增了。这时，如果没有适宜的融资机制，新技术创意就难以通过开发、示范、推广等阶段实现产业化。

按照计划经济下的传统做法，发展高新技术产业基本上靠国家投资，即使高风险的投资项目也由国有风险投资基金（或公司）进行。经验证明，这种做法多半是不成功的。1986年建立的国家科委直属的中国创业投资公司就是一个例子。在近年来的风险投资热中，一些人提出用“民投国营”的方式进行风险投资，即由政府机构运用居民在国家银行的储蓄存款进行风险投资。目前许多人对设立风险投资的难点有误解，以为问题的症结是政府没有拿出足够的钱来。其实问题的关键并不在于有一笔投资，而在于依托什么样的制度去搞投资。这里的主要问题不是钱，也不是人，而是现有的投融资机制存在根本性的缺陷。风险投资的特点是高风险（失败的比例很高）和高回报（少数成功项目能够取得很高的回报），如果风险投资的制度安排不能保证具体运作者的个人责任和收益，就很难获得成功。

各国在高新技术融资方面的成功经验

处于研究开发阶段的高新技术企业，多半实行内源融资的办法，将人力资本与物质资本投资结合起来，创业阶段的高新技术企业往往采取独资、合伙等个人风险与收益紧密联系的法律形式。

处于开发、示范（中试）阶段的高新技术企业资本需求增大，经营管理的难度增加，非常需要风险投资的参与。成功的风险投资采用的一种基本形式是有限合伙制（有限合伙制在旧中国又叫“两合公司”）。这种企业形式从公司制角度看，是有限公司和无限公司的混合；从合伙制的角度看，是含有有限责任公司成分的合伙制——经理人员是负无限责任的合伙人，其他投资者，如银行、大公司、投资基金等只是负有限责任的合伙人，这样把投资基金投资人和经营者的权责利紧密结合起来。

高新技术进入推广成熟阶段以后，就需要在证券市场上首次公开募股（IPO）和扩股融资。

在设计我国的高新技术产业融资机制时，要充分考虑其他国家的经验。为了给风险投资留出退出的通道和给上市公司准备融资场所，应当在积极规范我国主板市场的同时，努力为开放二板市场准备条件。在内地二板市场尚未开放前，可以积极利用香港二板市场。

在发展高新技术产业上政府能够做些什么？

在这方面经常出现的认识误区是高估政府的作用，以为依靠政府动员资源和把握方向的能力，根据政府制订的规划将大量人力物力投入有关领域，由处于垄断地位的国有企业按照规划的重点开发高新技术，扩大生产能力，就能保证高新技术产业的高速发展。即使民间企业和高新技术企业，也要由政府施加严格的管理，把它们纳入国家计划和政府规模之中。

从各国的历史经验看，在后进国家赶超先进国家、实现工业化的过程中，一些国家运用政府的力量加快资本的原始积累，促进市场体制的形成，同时保护自己的幼稚工业，保证潜在比较优势的发挥，的确显示了很大的能量。在“二战”后的亚洲，这种“市场经济＋强有力的政府干预”的模式（韩国称之为“政府主导型的市场经济”）被有些经济学家叫作“亚太模式”。国际经济界普遍认为，采取这种模式是战后亚太地区一系列国家和地区高速成长的关键因素，对中国也有很大的吸引力。日本政府通商产业省在战后的机械工业振兴运动、电子工业振兴运动、大规模集成电路攻关等过程中起了重要的促进作用，被看成“亚太模式”的范例。通产省对产业发展这种强有力的领导和干预，曾经极大地促进了日本电子工业的发展，但是“成也萧何，败也萧何”，这也使日本产业界后来在数字技术的发展上吃了大败仗。我们不妨将这两个突出的事例加以对比。

1976—1979 年，为了在超大规模集成电路方面赶超美国，日本政府出面协调 5 家最大的半导体制造商，组成超大规模集成电路技术研究组合，研制超大规模集成电路，政府预算也投入大量补助。由于集中投入资金和人力，1980 年日本比美国早半年研制出 64K 存储器；后来又比美国早两年研制成功 256K 存储器，已经占领了 70% 的世界市场；到 1986 年，日本半导体产品已经占世界市场份额的 45.5%，高于美国的 44.0%，存储器的世界市场占有份额高达 90%，成为世界最大的半导体生产国。

在取得半导体产业霸主地位以后，日本继续沿用政府行政指导的一套做法，按照通产省和日本放送协会（NHK）规定的技术路线在模拟式基础上开发高清电视。继 1986 年开发出新型高清电视系统以后，日本在 1991 年正式开始了高清电视节目的播放。在这段时间里，美国人仍以千军万马各显神通的方式进行视听技术的研究。1988 年，美国有不同公司开发的互不兼容的 24 个高清电视制式方案。1991 年，日本人正在欢庆播送模拟式高清电视的胜利时，一家美国公司向美国联邦通信委员会提交了开发数字式高清电视的计划。接着，另一家美国公司又在 1993 年开发出数据压缩和解压缩技术，使得在单个频道中能传输多达 10 套电视节目。这样一来，美国一举超越了日本的领先地位，使后者在模拟式高清电视方面整整 20 年的投资毁于一旦。1996 年，美国联邦通信委员会最终批准了数字式高清电视标准，并且规定了到 2006 年全部电视实现数字化的时间表。数字技术的重大意义不止于视听领域，实际上，随着数字化的发展，电视即将与计算机网络和通信网络结合在一起，形成集成化的宽频带网络体系，由此形成了美国对包罗万象的多媒体产业不容挑战的霸主地位。

那么，为什么日本通产省在前后两个时期对产业发展进行的行政指导形成了如此不同的结果呢？原因是在过去的“赶超”时期，先进国家走过的道路是清楚的，政府拥有相对充分的信息。在这样的条件下，政府发挥了民间力量所不及的调动资源的能力，故而成功的把握大。然而当面对创新的课题、需要探索未知的时候，政府并不具有信息优势，它的反应能力、动作效率肯定不如民间机构。而且政府直接组织、管理高新技术开发和生产，又必然压制个人创造力的发挥，这就导致了 20 世纪 90 年代日本与美国争夺信息产业霸权的竞争的失败。

在这方面，我们应当从日本政府作用的正反两方面经验中引出有益的教训：

第一，政府的性质和结构决定了它在直接的生产和商业活动中不具有民间企业所具有的市场适应性和竞争力。因此，它应当尽量从市场活动中退出，更不应直接经营企业和干预企业的人财物、产供销决策。

第二，真正适合政府起作用的是市场失灵的领域，政府应当在弥补市场失灵的领域（如建立市场秩序）和提供公共物品等方面发挥自己的作用。

第三，政府必须依据上述原则明确自己的职能定位，在自己的职能范围内扬长避短，做好分内工作，推动我国高新技术产业的发展。

双重转型助推新经济

厉以宁
北京大学光华管理学院名誉院长

改革开放以来，中国经济走出了体制转型和发展转型叠加的双重转型之路，也就是从计划经济体制转向社会主义市场经济体制，同时从传统农业社会转向工业社会、现代化社会。这两种转型的叠加在世界上没有先例。因此，30 多年来中国经济的双重转型构成了独特的改革开放之路，也为发展经济学增添了新的内容。

首先，转型要从最薄弱的环节突破。计划经济体制最薄弱的环节是什么？是农业。农业是薄弱环节，农民的改革愿望最强，改变计划经济体制的突破点就在农村。党的十一届三中全会之后，农村先动起来，“大包干”从农村开始，农村改革的突破性进展带动了城市经济体制改革，形成了势不可当的改革潮流。

其次，要调动群众的积极性。20 世纪 80 年代，农村搞了“大包干”，粮食大幅增产，农民能吃饱而且有积极性了，于是农民开始向城市、向建筑工地流动，寻找就业机会。人流动起来，劳动力就多了，这是中国一个大变化的开始。

有了劳动力，自己建厂房，到工厂去买下脚料作为原材料，乡镇企业就发展起来了。乡镇企业产品的推销者走遍全国，也带活了全国的经济。可见，只要把群众的积极性调动起来，就会释放出巨大的经济活力和生产力。

再次，把产权改革放在重要位置。20世纪80年代改革开放之初，我在北京大学的礼堂做了一场报告，第一句话就是中国改革的失败可能是由于价格改革的失败，中国改革的成功必然取决于所有制改革的成功。国有企业不改革，光放开价格有什么用？一定要进行产权改革，明确产权，走股份制的路。这些话引起了一场论战。经过邓小平同志南方谈话，又经过党的十四大和十五大，我们明确了股份制是国有企业改革的方向。在计划经济体制转变为社会主义市场经济体制过程中，把产权改革放在重要位置，是中国的实践为发展经济学做出的具有开创性的贡献。

最后，注重解决就业和民生问题。在双重转型过程中，把大锅饭打破了，把铁饭碗打破了。如果就业问题不解决，民生没有得到改善，社会就不稳定。我们在改革中解决了国有企业工人下岗问题，加大城乡社会保障力度，使民生得到持续改善，保障了双重转型的顺利进行。对民生的投入实际上是对人力资本的投入，使我们拥有了素质高、讲纪律的产业工人队伍，这是很多发展中国家没有的。一个企业家对我说，当初看到东南亚的工资比我们低，就把工厂搬到那里，结果非常后悔。一是东南亚的工人没有中国工人讲纪律，上班想来就来、想走就走。二是他们不像中国工人那样愿意努力学习技能。这告诉我们，对就业和民生的投入有利于长远发展，是很值得的。

我国第三产业增加值占GDP的比重已经超过50%，这是现代工业化发展中的一个重要标志，表明我国已开始进入后工业化时代。下一步的发展需要注意三件事情。

要大力发展第三产业。一是让产品更加个性化，满足不同消费者的需求。二是让服务业更加人性化，服务更周到。三是提高品牌的国际知名度。中国品牌学会的同志告诉我，他们经常向来中国采购货物的外国商人发调查问卷，题目是“您所熟悉的中国制造业著名品牌”。答案只有一项最多，就是茅台酒。这说明大多数中国品牌的国际影响力还远远不够。四是把消费留在国内。我国消费者现在拼命到外国去买东西，为什么？因为同样的商品，外国的价格比中国便宜，还不用担心买到假货。这个状况一定要改变。

不要忘记中国工业化尚未实现。虽然我国第三产业增加值占 GDP 的比重超过了 50%，但工业化还没有实现。因为我们与建成制造业强国这个工业化目标还有距离，必须向这个目标继续努力。

要看到中国的农业大有发展前途。现在农村正在进行的土地确权深得民心。土地确权使农民的承包地经营权有经营权证，宅基地的使用权有使用权证，宅基地上盖的房子有房产证，农民就可以申请抵押贷款，可以去开店、做生意，这样农村就活了。土地确权以后，农民自愿入股搞合作化经营，农业实现规模经营，就能搞好。一些地方的实践还表明，在土地确权以后，城市人均收入和农村人均收入的差距大大缩小了。

新经济与制度创新

周其仁
北京大学国家发展研究院教授

当下的中国经济形势比以往任何时候都更加需要鼓励创业和创新。2008 年国际金融危机以来，中国经济的增长速度已经大幅下降，而企业的成本则大幅上升。2007 年中国 GDP 增长率是 13%，而 2015 年 GDP 增长率是 6.9%，差不多跌了一半。经济下行的首要原因是全球需求的相对萎缩，出口总值由 2007 年的增长 25.7% 到 2015 年下降 2.8%。除了需求的萎缩，人工、土地等生产要素更贵了，成本的上升也影响了中国出口的竞争力。

现在不少企业遇到严重困难，面临过剩产能淘汰的困境，度日维艰。任何市场经济，由于转型升级、技术革命和商业模式变化等，总会有一批企业被淘汰、破产、重组……关键是有没有一批新的企业能崛起，有多少新企业在新的条件下找到新的生存和发展模式，并提供新的产品和服务。当国民经济和全球格局发生重大转型时，创业和创新尤其重要。

创新提升企业竞争力

技术创新。现在我国人均收入相比发达国家还很低，如果丧失了出口优势，以后还怎么发展？解决的办法就是通过创新提高生产率。如果生产率上升的速度比工资慢，市场竞争力就处于劣势，反之就能处于优势。比如华为做的基站非常小，2G、3G、4G（第二代、第三代、第四代移动通信技术）都可以用，很有市场竞争力，而很多竞争对手的基站是分开的，2G 只能用 2G 的基站，3G 只能用 3G 的基站。华为竞争力的背后是算法的改善和研发的持续投入。

组织创新。海尔是一个大型家电企业，以前层级很多，一线员工的想法经常传递不到决策层。近期在张瑞敏的推动下，海尔实现了组织形态上的扁平化，打造成了一个创业平台。年轻员工如果有创意，不需要层层上报，而是可以自己投资，海尔配资，迅速把创意付诸实施。这个重大变革是很有风险的。张瑞敏已经功成名就，能做出这样的决定非常不易。但是通过组织形态的改变，海尔确实推出了一些新产品。比如，为了满足孕妇的需求，他们研制了一种投影仪，可以将内容投影在天花板上，让孕妇躺在床上就能看电影、新闻、微信，市场反应非常好。再比如，他们推出了一种微型洗衣机，可以对衣物的局部进行清洗。

营销创新。中国市场很大，营销渠道需要很多投资，管理也很困难，但小米就不需要营销。小米在技术上跟苹果、华为还有差距，但是小米的长处是把产品做到精益求精，把售价降到比成本高一点，让用户觉得性价比高，通过口口相传形成粉丝经济，比广告效果更好，新产品推出后，很快抢购一空。这样小米就不需要到处建营销渠道，省下了营销费用，创造了利润空间。

扩大出口需要创新

由于欧美经济低迷，中国出口就会受到影响，但是也可以通过创新来应对。

国际金融危机之前，七国集团在全球总需求中的份额是68%，现在降到了45%左右，新兴市场的份额明显上升。然而我国的出口很大程度上依赖于发达国家，因为中国人脑海里的外国就是发达国家，愿意去纽约、巴黎、伦敦，不愿意去新德里，市场开拓能力不强。

新兴市场跟发达国家的差别在于前者有潜在的购买力，但是基础设施不足，需要的产品运不进去。所以，推进“一带一路”和筹建亚洲基础设施投资银行具有战略意义，有利于改善新兴市场国家的基础设施。新疆有几家民营企业走出去之后，帮助当地修路、建码头，很受当地政府和民众的欢迎。下一步，中国需要充分利用自己的制造、基建和外汇优势，不能单纯靠制造促进出口，还要靠对外投资带动，金融也要大力配合，比如提供卖方信贷等。

要重视制度创新

创新不单单是技术创新，也涉及制度创新。李克强总理曾问上网费为什么这么贵，网速为什么这么慢。这是因为我国电信业的市场竞争不够充分，没有力量推动供应商在性价比方面进行改善。深圳讨论如何增加竞争力，我的一个建议就是网速要比别的地方快，让人们离开深圳后就想回来。这就是竞争力，不是一家企业可以做到的，而是需要整个国家的全面深化改革。如果不改革，我国的竞争力就会消失在无形当中。

众所周知，我国的许多税费偏高，服务质量偏低，这些都需要通过制度创新解决。浙江台州一家民营小企业的举动引人深思，他们把纸杯的生产放到美国宾夕法尼亚州，在商业逻辑上不可思议。实际上他们算得很清楚，那里的土地比中国便宜，电价比中国便宜，美国招商引资的力度同20世纪90年代的中国一样，有很多优惠政策。工厂开业时，该州副州长都去出席，让企业主很自豪。唯一比中国贵的是人工，但是他们劳动生产率高，而且纸杯生产成本中人工所占比重较小。由于纸杯的主要市场是美国，在当地生产还可省下运费。

政府、高校和科研机构、服务机构都需要全面深化改革，破除生产力和竞争力的羁绊。许多制度上的变化不是自上而下推动的，而是自下而上逼出来的。

IP 电话（网络电话）就是一例。1997 年年底，福州马尾区陈氏兄弟经营的民企开始用 IP 电话技术做生意。由于 IP 电话比当时传统的电信便宜很多，在市场上很受欢迎。福州居民多有海外侨民亲戚，需要通电话，但当时电信的国际长途话费很贵，大约每分钟28元至32元，而陈氏兄弟引入的IP电话，每分钟才4.8元。这样一来，当地电信局就急了，说陈氏兄弟侵犯了国家的电信专营，要公安局以涉嫌"非法经营罪"扣押陈氏兄弟的设备，还起诉了他们。马尾区区法院判电信局胜诉，陈氏兄弟上诉到福州中级人民法院。中院院长请来各方证人，弄清楚了 IP 电话不是传统电信技术，因此原来的电信专营范围并不能自动覆盖新的 IP 电话，于是裁定区法院的判据不当，发回重审。

通过这件事，国家电信部门的第一反应就是在电信条例中写明 IP 电话为国家专营，而第二个反应就是推出国家电信公司，提供 IP 电话，价格是一分钟 4.8 元。这个案件虽然推动了 IP 电话在中国的运用，但陈氏兄弟的生意还是因此案受到拖累。要是法治环境更完善，像他们这样的"快鱼"，作为"先出手者"早就可以发达起来了。

这个案例说明，与其喊口号鼓励创业创新，不如有一个真正保护创业和创新的法治环境。对于企业家来说，不关心别的事情也许可以，但一定要关心法治建设，一定要有依法保护自己的意识和知识。

怎样发展快递？20 世纪 90 年代以后，快递业兴起。由于商业活动频繁，特别是人们的时间开始变宝贵，就产生了新的需求，比如商业文书、样品的同城快递，甚至全国范围的快递。民间出现了"小红帽"，联邦快递等五大国际物流公司也进入中国。

但是快递业务一起步，就面临一个新问题：非邮政机构有权经营快递吗？邮政部门认为不可以。因为 20 世纪 80 年代的《邮政法》规定了送信业务由国家专营，但原来的法规到底是否覆盖新的快递业务？当时一位邮政系统的领导在电视上说，牛跑快了还是牛，应该仍然归牛倌——邮政——管。反对的意见认为，为保护公民的通信自由，一般信件由邮政专营，但现在快递的商业包裹并不在原先的信件范畴之内。

这涉及原先定下的法律要不要审视新的情况修订，以及怎样修订的问题，而且还要权威的第三方审理，不能由发生利害冲突的一方当事人自己解释法律，自己还组织执法。如果回避当时的那场涉法冲突，今天如火如荼的电商根本就搞不起来。要是全部包裹只准邮政局送，现在的电商根本无法促销。当然改革也帮了邮政系统的忙，因为竞争大大促进了邮政系统服务的改善。

这些故事说明法治还真不仅仅是政治家的事情，也不仅仅是司法体系的事情，或者是只有舆论和学界才应该关心的事情，法治也是产业、实业和企业家的事情。转型越深入，创新越频繁，受法治建设水平的影响就越深刻。

最近如腾讯的微信要不要收费，阿里巴巴的金融服务究竟有多大空间，还有滴滴、优步网络约车等问题，不单单是技术问题、市场问题，还有法律问题、司法程序问题，其中最根本的是要加快制度创新，让各类企业在法律面前人人平等。

出租车生意不是流水线，而是有高峰和低峰。在传统的出租车模式下，总有一些时段供不应求。互联网租车解决了供给、信任和效率问题，用户体验很好。城市主管部门完全可以让互联网租车这种新业态合法化，从而造福所有的城市出行需求者。这种创新会在新常态阶段对冲经济下行发挥越来越大的作用。

金融制度的创新空间很大。目前，我国仍然以间接融资为主。如果经济形势好，回报率高，贷款需求就非常旺盛。一旦经济不景气，原先很低的贷款利息也会变得很高。间接金融会放大经济波动，对冲的办法在 20 年前就写进了中央文件，就是要发展直接融资、股权融资。股权融资在经济好时回报高，在经济差时回报低，能够起到稳定器的作用。现在提倡大众创业、万众创新，需要通过资本市场扶持最有潜力的小微企业。

科研人员需要有创新的空间。过去中国一直是后发国家，主要参照发达国家的经验进行创新，是跟随性、仿制性的创新，而且在创新的过程中，有很多考核机制，需要说明能够做出哪些创新。现在中国面临创新模式上的改变，原有的做法在今后很长时间内还会占很大一部分，但需要不一样的创新机制。当年中国研制“两弹一星”的经验有两条：一是没有政治学习，不搞政治运动，不干扰科学家的连续思维；二是给科研人员提供好一点的伙食，物质上有一定保障。当然前提是选拔出视科研为生命的人。这些都值得我们学习。如何探索未知的世界，如何把好的想法变成产业和竞争力，这些问题是比应对经济下行更长远的考虑。

创新需要法治护航

影响创业和创新的因素非常多，涉及整个社会的观念、氛围、政策、法律、企业家精神以及政府的服务，还有全球形势的变化等。其中最重要的，也是我国最为薄弱的，就是法治。我国的企业家群体都有理由积极参与中国的法治建设。

有学者查过，“法治”（the rule of law）这个概念最早是1885年由一位叫戴西（A. V. Dicey）的牛津大学英国法教授提出来的。但是这个想法，即一个社会靠法律来治理，却可以追溯到很久以前。比如亚里士多德就讲过：“与其让某个公民来统治，不如让法律来统治。”法治的对立面是人治，而现代化要靠法治，不能靠人治。

当然，法律也是由人制定的，要靠人来执行。那么法治与人治究竟有什么区别？法律是经由公开程序制定的。一般来讲，一个社会有最低限度的一些共识，特别是白纸黑字正式公布的准则，不会太离谱。即便由喜欢随地吐痰的人来立法，他们也很难写出“法律保护随地吐痰”这样一条。所以，按照一套公开制定的准则来治理社会，总比任由“某个公民”的个人意志来治理国家要好很多。

法治首先就是要依照按公开程序制定的法律来规范人们的行为，不但公之于众，而且要求执行。就是说，“法律才是国王”，绝不能反过来“国王就是法律”。法律至上，即使国王也不得凌驾于法律之上，法律面前人人平等。中国历史经过无数的曲折，终于决定要走依法治国的道路，这很不容易。

法治的内容很多，比较基础的就是除非明确违背了依照常规立法程序公开制定的法律，否则任何人都不应受惩罚，或遭受人身或财产的损失。没有这一条，就无法鼓励创新和创业。如果研究出来成果，随随便便就可以被抄袭、剽窃或侵犯，那么没有人会努力工作和创业创新。对创业创新，政府的激励政策、行政措施、补贴奖励等都重要，但最重要的是法治，要用法律作为社会管理的最高准则。在这套准则面前，人人平等，概莫能外。

因此，企业和企业家一定要关心法治，积极参与法治建设。一些人以为柳传志讲的在商言商，就是企业家只讲生意，只讲赚钱，别的一概不问。这样的理解片面了，健康的商业和企业行为，离不开法治环境。企业也是社会的重要组成部分，企业家怎么处理与政府的关系、与权力机构和官员的关系、与股东、员工和客户的关系，涉及许多根本的行为准则。特别是公司治理，要发挥制度的作用，而不是仅靠老板个人意志，这是一门很大的学问。不可能让每个家庭、公司、机构都靠家长专制、老板专制维持，而整个国家却成为一个法治社会！古人说：“一屋不扫何以扫天下？”尊重他人权利、契约精神、法治准则，在一套公开的规则面前人人平等，这些都是法治国家的微观基础，要在实践中经常演练才能成为真正的行为准则。

推进法治建设要有分工。企业家也是公民，身为公民也有权利和义务对社会各种事务发表意见，也可以用言论和意见来推进法治建设。推进法治国家建设，要有多种方式让企业家参与其中。千万不要让各种努力互相抵消，而要互相鼓舞、互相支撑，汇集成共同推动法治建设的伟大力量。这样新经济才能异军突起，实现新旧动能的顺利转换。

新常态下如何发掘改革动力

郑永年
新加坡国立大学东亚研究所所长

中国的经济下行压力非常大，根据我自己到中国各地考察的结果，我觉得下行压力甚至比我们预期的还大。我们把它称为“新常态”，当然是比较正常的。

从一个高达两位数的增长，现在下行到中高速增长，这是一种常态。那么为什么说中高速呢？就是针对中国自己以前高达两位数的增长来说，是中高速增长。但是如果中国跟世界其他国家来比较，无论是欧美的发达经济体，还是新兴经济体，中国的经济增长还是很高速的。

新常态要防止陷入中等收入陷阱

我们对这个新常态必须要有一个比较正确的认识。所谓的常态就是稳定的增长，如果说我们以后 10~15 年能达到人均 6%~7% 的增长的话，那么我们有望进入一个高收入社会。这几年我们一直在讨论中国的中等收入陷阱问题，这个问题是非常有意义的。逃避中等收入陷阱，对中国来说是非常重要的问题。根据世界银行的统计，“二战”以后，100 多个国家里面，大概只有十几个国家成功逃离了中等收入陷阱，大部分国家都进入了中等收入陷阱。这十几个国家里面，大部分还是中东石油等能源类型的国家。除了这些能源类型的国家之外，我们东亚，日本和亚洲四小龙（中国的香港、台湾和韩国、新加坡），避免了这个陷阱。什么叫中等收入陷阱呢？我举个例子就很清楚了。

东亚社会，日本和亚洲四小龙，是高收入社会，而马来西亚、印尼、菲律宾、泰国等国家是长期陷入中等收入陷阱的国家。当然，低发展国家也有，亚洲国家很多，像柬埔寨、老挝、缅甸这样一些国家一对比就非常清楚，这些经济体所面临的困难大家也看得很清楚，不用多说。高收入社会往往是政治比较开明、开放、稳定，政府比较清廉。长期陷入中等收入陷阱的社会，腐败非常流行，社会不稳定，经常出现暴力。所以我们的目标很明确，必须逃避这个中等收入陷阱。

习近平总书记多次强调，他最担心的就是两个陷阱：一个是国内的中等收入陷阱，中国必须避免；另一个是国际关系中所说的修昔底德陷阱，就是不要和世界大国，尤其是美国，发生霸权之争，不要发生战争，这是非常明确的。

党的十八届五中全会通过的第十三个五年规划建议已经说得非常清楚了，我们要在 5 年之后实现全面小康社会。全面小康社会的概念很清楚，明确具体地规定，今天我们的人均 GDP 已经是 7 800 美元，五年之后要实现人均 GDP 12 000 美元。什么概念呢？从今天开始，我们每年必须达到 6.5% 的增长，人均 GDP 才会达到 12 000 美元。

另外一方面就是扶贫。中国现在统计贫困人口是根据中国自己的标准，农村还有 7 000 多万贫困人口，城市还有 1 000 多万贫困人口，这是我们自己的标准，即人均每天 1.5 美元的收入。如果按照国际标准，我们的贫困人口规模更大，因为根据国际标准是每天 2 美元，如果这样算，中国还有两亿多贫困人口。所以从这个社会结构来看，中国现在的中产阶级还是很少的，社会底端群体仍然太大。为什么要担心中等收入陷阱？全面小康社会，我自己的理解，也就是我们执政党的中产阶级社会的概念，因为中产阶级概念可能比较敏感，所以我们把它称为全面小康，或者中等收入社会，意义上是一样的。如果不能改变这个情况，从长远来看，中国可能会像其他长期陷入中等收入陷阱的社会一样，面临社会的不稳定。

不要对中国经济过分悲观

这个目标确定了，那么怎么避免中等收入陷阱，实现全面小康人均 GDP 12 000 美元？从现在的 7 800 美元到 12 000 美元，我觉得还是可以的。现在我们一直在讨论两个百年，第一个百年的目标是全面建成小康社会，第二个百年是到 21 世纪中叶，把自己提升到一个高收入社会。我觉得那个阶段比较困难一点，比接下来 5 年还要困难一点。虽然现在经济下行，但是我觉得，也没有必要很悲观，也有好的方面。

第一，中国已经完成了大规模的基础设施建设，这个非常重要。从 20 世纪 70 年代末 80 年代初以来，中国进行了世界上最大规模的基础设施建设，大家如果去其他国家，哪怕是去欧美发达国家旅行的话，会发现中国现在的基础设施可能是世界上一流的。

第二，中国已经进入了大规模的工业化阶段，有大规模的制造业基础，是世界上少有的。现在大家一般把中国看成是世界制造业基地，仅珠江三角洲就是这样一个基地。这么大规模的工业化，在其他新兴经济体很难发现，包括印度。如果今天我们去印度看看的话，大家就会发现他们的基础设施不行，更没有大规模制造业的基础。

第三，中国的基础教育实在是做得非常好了，人力资源这方面还是没有问题的。从文化上来说，也是很重要的，中国有几千年的传统商业文化。我一直在想为什么日本和亚洲四小龙能逃避中等收入陷阱，因为这些都是东亚文化圈的经济体，这还是非常重要的。西方也有这个讨论，为什么早期发展的发达国家都是新教伦理圈，是德国社会学家马克斯 · 韦伯所论述的经济体？为什么东亚儒家文化圈的五个经济体成为高收入社会？中国当然是儒家文化圈的中心。尽管“五四”运动以来，我们做了很多反文化的运动，但是随着中国文明的自觉和复兴，中国越来越像传统儒家文化圈的经济体。文化的要素，当然经济学家不太重视，因为比较软，但还是会对中国的经济增长产生长远的影响。

从微观方面的一些经济形势来看，也有好的地方。第一方面，中国已经开始从一个出口导向型经济向内部消费的经济体转型。一个明确的事实就是，党的十八大反腐败以来，政府部门的消费，也就是“三公”消费，现在非常小。现在不仅政府部门自己消费减少了，政府跟企业家之间的关系也在发生变化。总体来说，中国的消费水平还是很快提高了，这表明民间的消费增加得很快。

第二方面，就业市场还是不错的。中国改革开放以来，因为以前人口基数很大，发展出了劳动密集型产业。从中央政府的角度来说，甚至从各个地方政府的角度来说，就业市场是他们最担心的。温家宝总理那时候提出“保 8”的口号，担心的就是就业问题，就业问题如果不能解决，就会产生社会稳定的问题。现在尽管经济下行，但是就业市场还是有改善的。

第三方面，新兴产业也在兴起，尤其是服务业最近几年兴起得非常快。我们现在感到比较悲观的就是有些产业，尤其是传统产业不作为，比如说房地产，因为以前房地产对中国的经济做了很大贡献，房地产成为中国经济的支柱，当然也产生了很多问题。

另一方面，因为中国大规模基础设施建设已经过去了，所以造成了以前的钢铁、水泥等行业产能大量过剩。大家到珠江三角洲、长江三角洲看看，会发现低端制造业发生了很大问题。由于中国劳动力成本提高，很多产业开始从中国往周边其他国家转移，这也是很正常的。当然还有农村的问题，后文我们可以讨论农村新的发展动力在哪里，农业对中国来说还是非常重要的一部分，但是农业的发展方向是什么，我们还是要好好考虑的。

当然，中国经济的增长潜能是非常大的，什么潜能呢？习近平总书记说要实现从中国传统的数量经济到质量经济的转型，我们如果能正确理解质量经济一说，那么中国的经济潜力非常大。中国的消费者要跑到日本去买马桶盖、电饭煲甚至大米等农业产品，现在中国大陆实际上是日本、韩国、中国台湾农业产品的最大的外销市场。无论是电饭煲、马桶盖还是农业的技术，我们都是有的，是很容易做出来的，只是我们没有注意。当然如果要做欧美的那些名牌服装、名牌包包，可能需要很长的时间，但是技术类型的这些产品，我觉得中国是可以做得出来的，只是我们不够重视，这是产业升级的问题。

制度创新比技术创新更重要

从这个角度来说，现在政府提出来创新，怎么通过创新来触动下一步的改革？一般理解，好像创新只是技术的创新。我们不能把创新狭义理解为技术的创新，更重要的还是体制的创新、制度的创新。最近李克强总理也讲到这一点，我也非常赞同，他把制度创新也包含到创新里面，是创新的一个方面。

最近提出的供给侧改革，就是要提供新的制度供给，要提供新的制度体系。但是到现在为止，大家理解的只是经济学意义上的供给，当然经济学意义上的供给也很重要。技术供给，中国有庞大的消费市场，但是提供不了技术，所以要通过技术的供给来发展经济。另外，更需要制度的供给，制度供给非常重要。

供给侧改革实际上是邓小平早年提出来的，通过培养新利益来克服旧的既得利益的阻碍，这样的思路是一样的。中国的改革从邓小平开始，都是通过培养新的利益来对旧的利益构成压力，旧的利益就是既得利益。在没有新利益的情况下，要改革既得利益，突破旧利益的阻碍，也是很难。要改革旧的利益，是需要成本的，这个成本谁来承担？所以在体制外培养新的体制，培养新的利益，对旧的利益和旧的体制构成压力了，这些旧的利益、旧的体制就可以去改变自己。同时新的利益也可以消化因为改变旧的利益而带来的成本。供给侧改革的提法非常好，就是要有新的制度供给。

没人干活儿，潜力无法转化成实际增长

具体来说，我们回到经济改革的领域。过去 30 多年，基本上中国改革的动力在于五个角色，我把它们简单称为一个中央政府加上四条腿，这四条腿是地方政府、国有企业、民营企业、外资，这就构成了中国 30 多年经济发展的强大动力。我是学政治学的，大家在讨论经济发展、经济改革的时候，不要太抽象，一定要看谁在做，这非常重要。很多人都不讲这一点，经济学家只强调经济潜力，这是不够的。怎么把经济潜力转化成实际的经济增长？要有人来干活儿，没人干活儿，潜力还是潜力。世界上所有国家都有经济发展的潜力，哪怕是印尼、菲律宾。还有一些情况非常差的国家，经济发展潜力也是很大的，但是因为不同的制度，或者缺乏有效的制度，缺乏有效的经济角色、经济主体，他们很难把这些潜力转化成实际的经济增长。

中国今天出现的情况也是这样的。从中央的角度来说，用重新集权的方式进行了顶层设计，现在已经完成了。党的十八届三中全会和四中全会推出的两个决议，加起来也有 500 多条改革方案。2015 年五中全会制定的“十三五”规划建议，我把它理解成行动纲领。

但是问题是，其他四条腿现在不太作为了。我们今天客观地看一看，地方政府和国有企业这两条腿基本上没有什么大的动作。民营企业除了互联网还可以，其他方面也不是那么有作为。外资方面我们发展还是比较平稳，但是外资要有很

大的增长也很困难。我们批评李嘉诚，实际上李嘉诚的心态也是很多外商普遍的心态。这四条腿现在不作为，就产生了很多问题。

五大原因导致官员不作为

为什么官员不作为呢？简单说有几个主要的原因。

第一个原因，我们现在还没有从重新集权转型到重新分权的状态，因为经济的发展需要分权。党的十八大以后的集权完全有必要，我自己也做了很多论述。要克服既得利益的阻力，像习近平所说的好吃的肉都吃完了，要啃骨头了，就要有点权力。顶层设计需要权力，进行大规模的反腐败也需要权力。但是在这样一个集权的目标已经基本达成的情况下，要重新分权，要把权力重新分配到那些经济角色、那些改革者手里，地方政府也好，官僚机构也好，让他们去作为。如果他们没有权力，就很难作为，就需要分权。

第二个原因，反腐败很重要。但是反腐败过程中，地方也出现了一些问题，比如反腐败到了地方，就演变成互相举报，就很容易造成人人自危，不能专心于做事。

第三个原因，今天中国民粹主义的情绪有点高。民粹主义表现在民间社会仇富、仇官的心态。我发现现在政商关系出现了很大的问题，一个企业家需要找一个政府官员，要吃顿饭、谈点事情非常困难，企业家、政府官员完全是两个群体。这需要我们正确地理解，因为政商关系做不好，就很难发展经济。因为国家的经济还是靠企业家这个群体来发展的，如果政府不能处理好和企业家这个群体之间的关系，经济发展就缺乏动力。随着形势的发展，政府越来越不是经济主体，而是治理的主体。

另外政府本身也有民粹主义的倾向性，比如国有企业的改革。以前国有企业走了西方的新自由主义路线，国有企业老总工资那么高。但是现在一下子把他们工资减得那么低，从以前的上千万减到不足百万，就会影响他们的积极性；国企也不能市场化，这就不太有利。

第四个原因，现在强调任何改革都需要法律基础。但是从实践中看，我们任何的改革都要突破现行的法律，如果没有这样一个法律基础，就很难干。

另外，还有一个重要原因，我和地方政府很多官员交流的时候，他们说他们现在强调主要的领导对重大事宜要负终身责任，但是规定又不太清楚。终身责任制是什么意思？我不能保证我做的事情百分之百是能成功的，是正确的。所以他们很担心终身责任制：是不是我退休了以后，出了问题，还要重新把我抓回来？大家很担心，这就导致了大家不作为。

经济层面需要纠正的几个错误

经济政策层面也有一些问题需要纠正，有一些错误的认知。这是我自己的观察。金融自由化很重要，金融自由化是党的十八届三中全会一个很重要的改革方案，但是我们现在过度金融化。很多省的实体经济下行，但是金融经济在上升。我觉得中国现在要发展的是实体经济，而不是过度的金融自由化。如果是过度的金融自由化，反而使得我们的实体经济发展不起来。因为本来金融自由化的目标就是为了帮助实体经济，但是金融这个部门太能赚钱了，大量的钱反而从实体经济转向了金融经济，这个趋势是不健康的，是不好的。

此外，有些领导对中国中小型企业的发展困境判断不准。一般认为中小企业的发展就是缺少资本，当然很多中小企业发展确实是缺少资本，但是也有很多中小企业发展不是缺少资本，主要是缺少投资空间。实际上，中国现在是资本过剩的国家，虽然在国有银行拿不到钱，但是如果民营企业能找到很好的投资空间，它们投资并不是很困难，可以从国际金融市场通过引入外资来做。从这个角度来说，国有企业改革还要深化，因为国有企业现在自己不作为，但是大量的投资空间还是被国有企业占领着。现在国有企业改革方案出来了，分成几种：一种是商业性的，就是竞争性的；一种是公共服务部门；一种是垄断方面。在公共服务部门和垄断方面，国有企业还可以继续大有作为，要做强做大。而在竞争性方面，国有企业应当退出来，把大量的投资空间让给民营企业，这是一个需要改革的方向。

但是现在很遗憾的是，大家对国有企业的改革有些想法不正确。企业就是企业，国有企业就要赚钱，不赚钱就要倒闭。现在有一些思想不解放或者比较“左”的人，往往把国有企业跟国家命运和执政党命运捆绑起来，这不是好现象。一家、两家、三家国有企业倒了，国家不会倒，执政党也不会倒，所以对国有企业的发展不要过分意识形态化。

还有一个需要纠正的错误是，大家一直在谈“互联网＋”的问题，我觉得“互联网＋”还是要具体情况具体分析。有些领域确实是“互联网+”，像阿里巴巴、腾讯、百度，它们是互联网企业，通过互联网要加一些什么。更多的企业就是什么东西加互联网，这样是比较好的，因为互联网只是一个工具。这几年我们强调互联网没有问题，但是好像已经被创造出一个互联网乌托邦经济。我个人不认为互联网真正能成为中国的经济体，而是一个乌托邦式的经济体。互联网只是一种工具，只是一种销售，本身技术含量并不是很大，只是一种管理的方式。互联网很重要，但不能取代实体经济，对中国这样一个国家来说，下一步要从中等收入走到全面小康、走到高收入的经济体，更重要的还是要继续发展实体经济。在这方面，这几年有一些误导，希望大家不要被误导。

下一步应制定“改革促进法”，允许试错

下一步怎么走呢？我想提几条。

第一条，我们要分权。要把权力分到改革者手里，要大规模分权。

第二条，要节制民粹主义。民粹主义要少一点，大家要走向法治，反腐败也好，各方面也好，都走向法治。工资水平要走向市场化。

第三条，地方政府的制度创新非常重要。我经常到广东，在广东比较一下深圳、东莞、广州这三个大城市。深圳是全国创新能力最强的城市。和上海比较也好，和北京比较也好，深圳是最强的。这些城市是一样的体制，为什么深圳能创新？地方的创新机制非常重要。

另外，企业跟社会的创新还是很重要的。如果企业跟社会不能创新的话，光有政府创新也不行。在深圳，地方政府跟企业、社会三者都是互赢的游戏，大家都充满了创新的动力。大家有机会应该好好去考察一下深圳的做法。

我最近也在提倡中国能不能制定一部“改革促进法”，或者“改革推动法”。改革缺乏法律基础，改革者又要负终身责任，使得好多人不敢作为了。我们应该制定一部“改革促进法”，把腐败跟改革过程中的试错分开来。因为改革一定要有试错，不让试错，那怎么改革？人不是上帝，没有人可以保证自己做的事情百分之百能成功，百分之百不失败。但是改革中的试错不是腐败。行政过程要公开透明，政策执行过程中出现一些差错、错误，也不是腐败。如果能根据党的十八届三中全会、四中全会 500 多条改革项目，明确我们要改什么，这些改革需要哪些法律、法制条件，我们制定一部“改革促进法”或者“改革推动法”，下一步就可以把中央政府跟下面的四条腿——地方政府、国有企业、民营企业、外资——重新调动起来。这样的五个角色合力，我们有充分的信心，能把中国的经济从现在的人均 GDP 7 800 美元上升到 5 年以后的 12 000 美元，5 年以后的 12 000 美元经过十来年时间能达到今天中国台湾、香港的水平。

邓小平以前说，要在 21 世纪中叶实现民主富强的中国。从这样的角度来说，我觉得是完全有可能的。

发展新经济必须把创新摆在核心位置

迟福林

中国（海南）改革发展研究院院长

创新发展是大势所趋，势在必行

“十三五”必须把创新摆在国家发展全局的核心位置，必须把发展基点放在创新上，一个重要的背景是我国经济发展方式的转变正与全球新一轮工业革命形成历史交汇。

由发达国家发轫，全球已进入“工业 3.0”时代、“工业 4.0”时代。这一时代大背景必然对创新发展提出更高要求。

与过去两次工业革命不同，现在，作为全球最大的新兴经济体，在新一轮工业革命中，我国是以一个积极参与者和推动者的姿态出现的。“工业 3.0”的特点是“互联网 + 新能源”，“工业 4.0”的特点是“互联网 + 制造业”，推动制造业由生产型向服务型转变。在此方面，我国有独特的优势，目前我国网民数量为 6.68

亿人，手机用户数量接近13亿人。依托巨大的内需市场进行创新，我国不仅不会缺席，还可能成为新一轮工业革命最重要的推动者。

抓住新一轮科技革命的重大机遇，加快形成从“中国制造”走向“中国智造”新格局，我国有望到2020年初步完成从“工业2.0”向“工业3.0”的升级，并奠定“工业4.0”的重要基础。因此，“十三五”实施创新驱动的国家战略，不仅能推动制造业的转型升级，走出一条化解产能过剩的有效路径，还能在新一轮工业革命中赢得先机，为迈向高收入国家奠定坚实基础。

创新是引领发展的第一动力

长期以来，提起创新，人们的认识往往止于科技层面，党的十八届五中全会使创新的内涵和外延更加深厚、宽广。新阶段的创新包括理论创新、制度创新、科技创新、文化创新等多维度的创新。将创新发展提升为五大发展理念之首，主要在于内外环境变化条件下，创新是引领发展的第一动力。

我国现阶段的经济社会发展的特点发生了深刻变化，对创新有了更高层次的要求。现阶段经济转型的新趋势、新结构、新动力初见端倪，把握趋势、转变经济发展方式需要不断推进理论创新；我国是一个发展中的大国，也是一个转型改革的大国，亟须通过改革构建新的制度架构，这就需要加快推进制度创新；无论是“工业3.0”，还是“工业4.0”，都有赖于发挥科技创新的引领作用，通过科技创新释放新需求，创造新供给，推动新技术、新产业、新业态蓬勃发展，加快实现发展动力转换；此外，创新需要良好的社会氛围，需要形成激励竞争的大环境，这就需要把文化创新摆在突出位置。

创新是一项系统性工程。推动各项事业的发展就要从创新的系统性、整体性出发，充分发挥科技创新在全面创新中的引领作用，统筹推进理论创新、制度创新、科技创新和文化创新，把创新的精神贯穿到经济社会发展各个领域，实现各方面创新的有机统一和协同发展。

创新发展有了全新路线图

党的十八届五中全会从七大方面明确了我国创新发展的着力点：培育发展新动力、拓展发展新空间、深入实施创新驱动发展战略、大力推进农业现代化、构建产业新体系、构建发展新体制、创新和完善宏观调控方式。

这种对创新发展进行的系统论述，应当说在党的文件中第一次勾画出我国创新发展的路线图。坚持创新发展，必须把发展基点放在创新上，形成促进创新的体制架构，塑造更多依靠创新驱动、更多发挥先发优势的引领型发展。目前，我国经济发展表现出速度变化、结构优化、动力转换三大特点。谋划“十三五”时期经济社会发展，就必须充分发挥市场的作用，破除制约创新发展的体制机制顽疾，优化劳动力、资本、土地、技术、管理等要素配置，推动新技术、新产业、新业态蓬勃发展。这一路线图使创新发展的路径更加具体、明晰，涉及面更广，成为“十三五”时期各领域创新发展的重要遵循。

海南应着力抓好体制创新

党的十八届五中全会对创新发展提出新的要求，不仅为海南打造国际旅游岛升级版提供了行动指南，还为海南提供了新的发展机遇。例如，全会提出“拓展蓝色经济空间”“支持沿海地区全面参与全球经济合作和竞争”，强调“坚持陆海统筹，壮大海洋经济，科学开发海洋资源，保护海洋生态环境，维护我国海洋权益，建设海洋强国”，意味着海南在国家新时期发展中的战略地位更为凸显。

海南是21世纪海上丝绸之路的重要战略支点，当前正处于国际旅游岛建设的重要时期，海南又该如何抓住机遇，承接中央关于创新发展的要求？从海南的发展实践看，实现创新发展的关键是开放改革，形成发展新体制。海南需要通过进一步的开放改革，充分发挥国际旅游岛、经济特区和生态立省等三大优势，以体制创新形成国际旅游岛升级版的新动力。

具体而言，可以从以下方面寻求体制创新的突破：加快服务业领域的开放改革，为做大做强 12 大重点产业提供体制创新的支撑，推动新技术、新产业、新业态蓬勃发展；形成区域发展的新动力，建议尽快设立“海口国家级新区”，同时以三沙市为重点，实现陆海统筹，拓宽蓝色经济发展空间；建立健康服务业先行开放区，把“健康海南”打造成为海南的一张“王牌”，同时，争取建立“消费品免税区”，将免税购物政策放宽到全岛；纵深推进简政放权改革，参照自贸区的标准打造国际化营商环境；着力推进“多规合一”改革，整合全岛资源，实现优势资源利用效益最大化。

创新的逻辑将贯穿“十三五”

朱克力
智石经济研究院执行院长[①]

党的十八届五中全会的一大核心任务是讨论并部署“十三五”规划。自从十八大报告重申“两个一百年”奋斗目标以来，国内外经济环境日益错综复杂，国内经济结构调整阵痛日益显现。要完成到2020年国内生产总值和城乡居民人均收入比2010年翻一番的目标，政府需要将年GDP增长率设置在7%附近，鉴于2015年第三季度GDP同比增长率已降至6.9%，中国经济发展压力陡增。十八届五中全会提出“十三五”时期是全面建成小康社会决胜阶段，是非常有道理的。

因而说“十三五”所有工作的中心，就是围绕如何在日益复杂的局面下实现第一个一百年的目标。全会认为，目前仍然处于重要的战略机遇期，关键要在“四个全面”的战略布局下，以提高经济发展的质量和效益为中心。而提高经济发展的质量和效益，内生性地要求今后更加关注以下几个方面：转变经济增长方

① 本文由作者与北京外国语大学金融硕士雷达、黄悦合著。

式，提高社会全要素生产率，促进创新驱动和经济结构的调整，加快产业链的转型升级，树立“创新、协调、绿色、开放、共享”等可持续发展理念等等。全会报告对这几个方面都进行了重点强调，而这些方面应该是未来五年全面深化改革进程中重点要攻克的几个关键点。

创新与全要素生产率

在十八届五中全会公报中，“创新”是最高频的词，统计可知出现了 27 次，并升至五大发展理念之首。如何把创新搞对，无疑成为中国未来最大的命题，成为实现众多目标或者说打开层层枷锁的那把钥匙。创新的可测度方式和指针有很多，其中，全要素生产率（TFP）在智库学者长期呼吁下终于获得正视。由国务院发展研究中心与世界银行联合撰写的《2030 年的中国：建设现代、和谐、有创造力的高收入社会》中指出：提高投入要素的使用效率，增加人力资本投资，强化创新和转向高价值的服务业，使经济增长获得新动力。亦即，通过全要素生产率的提高，助力中国避开“中等收入陷阱”。鉴于全要素生产率的来源包括技术进步、组织创新、专业化和生产创新等，应视之为创新最重要的指针。

在新常态的多重挑战下，要让创新真正成为经济社会运转的新动能，通过创新提升全要素生产率。那么，调结构是不是提升全要素生产率的好途径？恐怕容易走偏。其逻辑在于，核心问题并不在结构本身，而是如何强化机制，通过持续进行体制机制改革，给技术创新和劳动生产率提升带来有效保障。应当说，制度比人更重要，机制比结果更重要。偏离市场机制的做法不可靠，强行扭成的结果则不可信。可能结构调整本身就是一个悖论，毕竟并不存在人为设计的最优结构。人为的调结构有可能进入“动物精神”的怪圈，引致社会对创新的追索无异于缘木求鱼，难以实现提高经济质量和效率的目标函数。

从“创新的魔咒”或“创新力迷局”的视角出发，需要回答中国为何创新力不足等类似问题，可基于投入产出比的经济计算来考量。有关中国创新投入的效率问题，经合组织（OECD）的看法是，虽然中国在创新上投入了大量资金，但大部分都浪费了；官方选择的扶持对象和市场脱节，很多成果没有价值，仅仅依靠拨款存在；官僚作风脱离实际指导创新的方向，并带来大量的资助，注定结果不会好到哪去。其结论是，应该放宽对企业的管制。换言之，来自结构性、体制性的因素制约着社会创造力积累和发挥，阻碍着经济社会质的进步。要想避免创新流于口号，不能寄望于加大经费投入，而应找到推动创新的动力源。从这个认知逻辑出发，创新驱动的重要前提同时也是其应有之义，正是体制、机制、法治等制度层面的有序创新，主要是落实执行党的十八大和十八届三中全会以来顶层设计部署的改革战略。

现在看来，十八届五中全会较好地展现了高层对创新逻辑的进一步清晰，把创新摆在了国家发展全局的核心位置，可以预见其将贯穿“十三五”规划之中。公报提出要让创新在全社会蔚然成风，同时优化劳动力、资本、土地、技术、管理等要素配置，激发创新创业活力，形成新的经济增长点。尽管创新进入国家战略层面时间已不短，但本届政府从微观经济学着眼，不遗余力地倡导“大众创业、万众创新”，应该说对于有创新、创业想法的人来说，这种持续不断对创新的推崇和支持即便有口惠而实难至之忧，也不可忽视其所做的营造有利市场氛围和创新环境的努力。身边可以看到越来越多的年轻人勇于创业，应该祝福他们。前段时间很多中国创业者走进以色列，去学习他们先进的思想和创业经验，以回国实践。随着在国家战略推动下形成的热潮，当相应的思潮、教育成形之后，相信会结出许多真正的创新果实。

其他亮点及点评

第一，这次“十三五”规划强调要尊重经济规律，也就是更珍视市场的无形之手对提升发展质量的作用，更重视 GDP 增长背后对于就业、民生的促进作用，而不仅仅是对经济规模和增速的重视。目前中国经济体量已经达到 10 万亿美元以上的规模，只有更加注重经济质量的提高、经济结构的均衡，以及充分发挥市场在配置资源中的关键性作用，才可能真正跨越“中等收入陷阱”而迈入高收入国家的行列。

第二，将“户籍人口城镇化率加快提高”也纳入全面建成小康社会新的目标当中，将会加快消除中国目前城乡二元结构的不合理现状。长期以来，由于户籍对于人力资源流动的限制，以及对于农民工落户形成的实质性困难，很大程度降低了中国劳动要素的分配效率和经济增长效率，同时也造成了社会不稳定的因素。此次明确提出建成小康社会需要加快提高城镇化率，相信会在很大程度上缓解户籍制度带来的各种问题。

第三，实施国家大数据战略，把大数据提升到国家层面，足见国家对其重视。大数据是在信息技术发展背景下发展起来的新技术。信息时代，信息是新的资源。随着智能手机甚至以后可能的智能穿戴设备的普及，数据及数据能提炼出的信息将为企业、国家带来巨大的价值。美国在数据挖掘上已经经历了比较长的发展历程，中国在这方面稍显落后。因为落后，所以需要强调它的重要性，要去学，去实践。同时不可忽视的是，大数据也有它的弊端，实践中也应该看到它在其他国家已经出现的问题，并尽量去规避、去处理。

第四，绿色发展及人与自然的关系构建。在之前的发展时期里，中国依靠资源拉动的经济发展给自然环境带来了很大的负担，而自然也用她的方式惩罚我们。大城市的雾霾、各地河流的污染都是过去经济高速发展的光明一面之下的黑暗。如今经济进入新常态，经济结构转型升级，是经济可持续发展的内在要求，也是环境的迫切需求。经济转型之际，还地球以蓝天，还子孙后代以清新的空气和干净的河流，是我们这一代人必须负担的责任。

第五，农业现代化之路，除了传统意义上的现代化，还能与“互联网 +”战略相结合，这也是一些创业者正在进行的尝试。高科技技术应用于农业生产中，给农业的规模化提供了更好的实现途径。将农产品与网络相连、将产出与物流网打通，给农业新出路的同时提高人们的生活质量。而这同时也是创业者很大的机遇。中国作为传统农业大国，在农业上还有很多文章可以做。

第六，金融在此次全会公报里提得很少，作为实业的制造和工业则提得较多。也难怪，在经历资本市场强力震荡后，应该对工业强国、实业兴邦的重要本质更加看清了，此前颁布了战略纲要的“中国制造 2025”在此次全会中自然而然会被讨论。对此，公报的表述是：构建产业新体系，加快建设制造强国，实施《中国制造 2025》，实施工业强基工程，培育一批战略性产业，开展加快发展现代服务业行动。当然，产业的振兴离不开金融，中国经济需要更多以坚实产业为基石的产融结合典范。

第七，全面放开“二孩”政策。这个大家都在讨论，有人当作利好，当然也有人无视。至于其进步尺度及政策效应几何，究竟具体能否缓解老龄化带来的挑战，其实许多人心里都如明镜一般。

第八，或许公报因篇幅有限，对于现行标准下农村贫困人口实现脱贫的问题，未触及土地制度改革等深层次政策取向。农村贫困人口脱贫不仅在于加大转移支付，而更有赖于推动农业现代化和集约化生产，使多余的劳动力能够转移进入城镇，加入更加高效率的第三产业当中，一方面提高转移人口的劳动生产率和产出，另一方面也为农业生产的规模经济奠定良好基础。而这项经济政策的背后，除了需要加快户籍人口城镇化外，也需要完善土地流转的各项政策创新，为土地大规模生产创造有利条件。当然，公报对“培育发展新动力，优化劳动力、资本、土地、技术、管理等要素配置”的重申，也是此中变革的应有之义。

创新篇

引领新经济

未来中国将主导新经济

胡鞍钢
清华大学国情研究院院长

未来谁能主导新经济？那一定有中国！因为中国将不仅是人口最多的国家，也会成为世界最大的经济体和贸易体，更为重要的是将会成为世界最大的消费体（超级买家）。在全球化条件下，买家一定是赢家，大买家一定是大赢家，超级买家一定是超级赢家。这不仅会驱动中国的经济发展，也将带动世界经济发展。

未来几年中国GDP增速保持在6.5%~7.0%

中国GDP在世界经济总量中的比重可以用两种方法来计算。首先是汇率法：在过去5年间（2010—2015年），中国占世界经济的比重从2010年的9.2%提高到2015年的14.4%。可以预测，到2020年中国将占到世界经济总量的20%左右。

如果我们用世界银行最新的购买力平价计算GDP：过去5年，中国从2010年占世界经济总量的14.4%提高到2015年的17.2%，已经是世界第一大经济体。

若按照 6.5%~7.0% 的年均增长速度，到 2020 年中国占世界经济总量的比重仍然可以超过 20%。

当然，未来也有许多不确定性因素：第一是经济增长的不确定性，但是区间很小，只有 0.5 个百分点左右；第二是 GDP 平减指数变化率的不确定性，大体在 1 个百分点到 3 个百分点之间；第三是人民币兑美元汇率变动的不确定性，大体在正负 2% 之间；第四是美元本身币值变动的不确定性；第五是汇率法和购买力平价法的计算方法的不同。

但是总的结论是，到 2020 年，中国完全可以达到世界经济总量的 20%。

中国 14 亿城乡居民将成为世界上最大的、增长最快的消费群体

中国 GDP 跃上了 10 万亿美元大台阶，已经成为世界经济巨轮。此时的经济方针确实需要八个字："稳中求进、行稳致远"。这样到 2020 年中国人口达到 14 亿时，城乡居民人均收入能够大幅度增长，实现比 2010 年翻一番的目标。这个增长趋势基本与经济增长率的趋势相吻合，大约年均增速在 6.5%~7.0%，保证全国居民人均可支配收入从 2015 年的 2.2 万元上升到 2020 年的 3.0 万~3.1 万元。

如果按照每个家庭三个人计算（实际上在城市要低一些），那么就可以从 2015 年的 6.6 万元上升至 2020 年的 9.0 万~9.3 万元，大体相当于 1.5 万美元左右。若按现价计算，2020 年有可能接近甚至突破 10 万元人民币大关。届时中国 14 亿城乡居民将成为世界最大的增长最快的消费群体。

中国居民消费进入黄金时代

中国居民消费将会进入黄金时代，远远超过第二次世界大战后美国、西欧进入大众消费的时代。从经济增长的三驾马车来看，"十二五"规划期间，消费已

经成为最大的发动机，或者说最大的驱动力。那么，在“十三五”时期，中国仍然能让消费增长保持高于经济增长的态势。

2015 年全社会零售商品销售总额首次达到 30 万亿元，到 2020 年，估计会达到 60 万亿元。也就是说，将从现在的 5 万亿美元翻一番，达到 10 万亿美元左右的特大规模。中国能够保持经济增长的平稳发展，同样可以促进消费市场的迅速成长。

中国在进入上中等收入阶段，特别是向高收入方向迈进时，出现了新的消费增长点和新的消费模式，从而也提升了中国的消费结构。中国居民家庭的恩格尔系数实际上持续下降，在 2015 年，城市居民恩格尔系数已经低于 30%，农村居民恩格尔系数接近 30%，全国居民恩格尔系数为 30.6%，将进入更富裕类型（恩格尔系数小于 30%）。

这个信号告诉我们，中国将在教育、医疗、文化、养老、旅游等方面形成巨大的消费能量，信息消费、绿色消费、时尚消费、品质消费成为未来潮流，特别是农村的消费需求将大幅提升。以旅游消费为例，2015 年中国国内旅游首次超过 40 亿人次。由于旅游是属于高增长弹性的服务业，大体增长弹性达到 1.81，即经济增长 1 个百分点，旅游人次增长 1.81 个百分点。保守估计，到 2020 年，中国国内旅游将超过 65 亿人次。这些消费都和这个发展阶段（从中等收入向高收入迈进）非常相关。

多元化、个性化、网络化消费趋势

消费方式显示出多元化、个性化特别是网络化趋势。多元化、个性化的消费趋势，可以挖掘边际消费倾向。尤其是网络消费，2015 年我国网购零售总量已经突破 4 万亿元，相当于全社会商品零售总额比重的 13.3%。如果照这个趋势发展，网络零售总额的增长保守估计可达 3~4 倍，因为以往对这方面的研究和预测都大大低估了我们网络消费的潜力和能力。

私人消费与公共消费促成新型消费格局

私人消费与公共消费相互促进，形成了新型消费格局。在“十三五”时期，国家将提出一系列有关公共服务的投入和支出，有助于带动和刺激私人消费，形成新的消费格局。

开拓中国和世界两个大市场

未来中国的发展需要大转变，更需要两个市场。首先，中国将成为世界最大的经济体、贸易体，从而使全民的消费成为引领中国经济增长的火车头。它对经济增长的贡献率，保守估计在“十三五”时期至少达到 60% 以上，不排除达到 65%，甚至达到 70%。

同时，中国消费将得益于“十三五”新提出的“网络强国”战略、“大数据”战略、“互联网 +”行动计划，中国还将成为世界物联网大国和跨境电子商务市场。其本质，中国完成了从追赶型向创新型的迅速转变。

在 1995 年，中国的互联网用户和美国相差 1 750 倍，今天，中国已经大大超过了美国，将成为互联网时代、大数据时代的创新者、引领者。对中国而言，天时、地利、人和均已具备。由此，我们要不断创新，勇于创新，不仅引领中国，也将引领世界。

当前最重要的是充分开发、充分利用两个市场，形成五大转变。这五大转变正是在过去十几年不断发生的：一是从“世界工厂”到全球市场的转变；二是从投资主导驱动型向消费驱动型转变；三是从工业主导型向现代服务业主导型转变；四是理念上从生产者主权论向消费者主权论转变，特别是以 14 亿这样巨大的消费者为主权，提高他们的福利；五是中国成功跨越“中等收入陷阱”，平稳、自信、创新性地从上中等收入阶段迈向高收入阶段，使得到2020年或者2020年后，国家更加富裕、更加发达、更具创新力。

未来的消费格局是：从全国买、向全球卖，从全球买、卖全国。以阿里巴巴为代表的电商正在完成一个人类历史上从没有见过的消费者与生产者的直接连通，从而不仅使中国14亿消费者的福利最大化，也会带动全世界80亿消费者的福利最大化，这是对人类实实在在的贡献。

创造未来的科技发展新趋势

白春礼
中国科学院院长

当前，全球新一轮科技革命和产业变革方兴未艾，科技创新正加速推进，并深度融合、广泛渗透到人类社会的各个方面，成为重塑世界格局、创造人类未来的主导力量。我们只有认清趋势、前瞻擘画，才能顺势而为、抢抓机遇。从宏观视角和战略层面看，当今世界科技发展正呈现出以下十大新趋势。

颠覆性技术层出不穷，将催生产业重大变革，成为社会生产力新飞跃的突破口。作为全球研发投入最集中的领域，信息网络、生物科技、清洁能源、新材料与先进制造等正孕育一批具有重大产业变革前景的颠覆性技术。量子计算机与量子通信、干细胞与再生医学、合成生物和“人造叶绿体”、纳米科技和量子点技术、石墨烯材料等，已展现出诱人的应用前景。先进制造正向结构功能一体化、材料器件一体化方向发展，极端制造技术向极大（如航母、极大规模集成电路等）和极小（如微纳芯片等）方向迅速推进。人机共融的智能制造模式、智能材料与3D打印结合形成的4D打印技术，将推动工业品由大批量集中式生产向定制化分布式生产转变，引领“数码世界物质化”和“物质世界智能化”。这些颠覆性技术将不断创造新产品、新需求、新业态，为经济社会发展提供前所未有的驱动力，推动经济格局和产业形态深刻调整，成为创新驱动发展和国家竞争力的关键所在。

科技更加以人为本，绿色、健康、智能成为引领科技创新的重点方向。未来科技将更加重视生态环境保护与修复，致力于研发低能耗、高效能的绿色技术与产品。以分子模块设计育种、加速光合作用、智能技术等研发应用为重点，绿色农业将创造农业生物新品种，提高农产品产量和品质，保障粮食和食品安全。基因测序、干细胞与再生医学、分子靶向治疗、远程医疗等技术大规模应用，医学模式将进入个性化精准诊治和低成本普惠医疗的新阶段。智能化成为继机械化、电气化、自动化之后的新“工业革命”，工业生产向更绿色、更轻便、更高效的方向发展。服务机器人、自动驾驶汽车、快递无人机、智能穿戴设备等的普及，将持续提升人类生活质量，提升人的解放程度。科技创新在满足人类不断增长的个性化多样化需求、增进人类福祉方面，将展现出超乎想象的神奇魅力。

“互联网+”蓬勃发展，将全方位改变人类生产生活。新一代信息技术发展和无线传输、无线充电等技术实用化，为实现从人与人、人与物、物与物、人与服务互联向“互联网+”发展提供丰富高效的工具与平台。随着大数据的普及，人类活动将全面数据化，云计算为数据的大规模生产、分享和应用提供了基础。工业互联网、能源互联网、车联网、物联网、太空互联网等新网络形态不断涌现，智慧地球、智慧城市、智慧物流、智能生活等应用技术不断拓展，将形成无时不在、无处不在的信息网络环境，对人们的交流、教育、交通、通信、医疗、物流、金融等各种工作和生活需求做出全方位及时智能响应，推动人类生产方式、商业模式、生活方式、学习和思维方式等发生深刻变革。互联网的力量将借此全面重塑这个世界和社会，使人类文明继农业革命、工业革命之后迈向新的

"智业革命"时代。

国际科技竞争日趋激烈，科技制高点向深空、深海、深地、深蓝拓进。空间进入、利用和控制技术是空间科技竞争的焦点，天基与地基相结合的观测系统、大尺度星座观测体系等立体和全局性观测网络将有效提升对地观测、全球定位与导航、深空探测、综合信息利用能力。海洋新技术突破正催生新型蓝色经济的兴起与发展，多功能水下缆控机器人、高精度水下自航器、深海海底观测系统、深海空间站等海洋新技术的研发应用，将为深海海洋监测、资源综合开发利用、海洋安全保障提供核心支撑。地质勘探技术和装备研制技术不断升级，将使地球更加透明，人类对地球深部结构和资源的认识日益深化，为开辟新的资源能源提供条件。量子计算机、非硅信息功能材料、第五代移动通信技术（5G）等下一代信息技术向更高速度、更大容量、更低功耗发展。第五代移动通信技术有望成为未来数字经济乃至数字社会的大脑和神经系统，帮助人类实现"信息随心至、万物触手及"的用户体验，并带来一系列产业创新和巨大经济及战略利益。

前沿基础研究向宏观拓展、微观深入和极端条件方向交叉融合发展，一些基本科学问题正在孕育重大突破。随着观测技术手段的不断进步，人类对宇宙起源和演化、暗物质与暗能量、微观物质结构、极端条件下的奇异物理现象、复杂系统等的认知将越来越深入，把人类对客观物质世界的认识提升到前所未有的新高度。合成生物学进入快速发展阶段，从系统整体的角度和量子的微观层面认识生命活动的规律，为探索生命起源和进化开辟了崭新途径，将掀起新一轮生物技术的浪潮。人类脑科学研究将取得突破，有望描绘出人脑活动图谱和工作机理，有可能揭开意识起源之谜，极大带动人工智能、复杂网络理论与技术发展。前沿基础研究的重大突破可能改变和丰富人类对客观世界与主观世界的基本认知，不同领域的交叉融合发展可望催生新的重大科学思想和科学理论。

国防科技创新加速推进，军民融合向全要素、多领域、高效益深度发展。受世界竞争格局调整、军事变革深化和未来战争新形态等影响，主要国家将重点围绕极地、空间、网络等领域加快发展“一体化”国防科技，信息化战争、数字化战场、智能化装备、新概念武器将成为国防科技创新的主要方向。大数据技术将使未来战争的决策指挥能力实现根本性飞跃，推动现代作战由力量联合向数据融合方向发展，自主式作战平台将成为未来作战行动的主体。军民科技深度融合、协同创新，在人才、平台、技术等方面的界限日益模糊。随着脑科学与认知技术、仿生技术、量子通信、超级计算、材料基因组、纳米技术、智能机器人、先进制造与电子元器件、先进核能与动力技术、导航定位和空间遥感等的重大突破，将研发更多高效能、低成本、智能化、微小型、抗毁性武器装备，前所未有地提升国防科技水平，并带动众多科技领域实现重大创新突破。

国际科技合作重点围绕全球共同挑战，向更高层次和更大范围发展。全球气候变化、能源资源短缺、粮食和食品安全、网络信息安全、大气海洋等生态环境污染、重大自然灾害、传染性疾病疫情和贫困等一系列重要问题，事关人类共同安危，携手合作应对挑战成为世界各国的共同选择。太阳能、风能、地热能等可再生能源开发、存贮和传输技术的进步，将提升新能源利用效率和经济社会效益，深刻改变现有能源结构，大幅提高能源自给率。据国际能源署（IEA）预测，到 2035 年可再生能源将占全球能源的 31%，成为世界主要能源。极富发展潜能的新一代能源技术将取得重大突破，氢能源和核聚变能可望成为解决人类基本能源需求的主要方向。人类面临共同挑战的复杂性和风险性、科学研究的艰巨性和成本之高昂，使相互依存与协同日趋加深，将大大促进合作研究和资源共享，推动高水平科技合作广泛深入开展，并更多上升到国家和地区层面甚至成为全球共同行动。

科技创新活动日益社会化、大众化、网络化，新型研发组织和创新模式将显著改变创新生态。网络信息技术、大型科研设施开放共享、智能制造技术提供了功能强大的研发工具和前所未有的创新平台，使创新门槛迅速降低，协同创新不断深化，创新生活实验室、制造实验室、众筹、众包、众智等多样化新型创新平台和模式不断涌现，科研和创新活动向个性化、开放化、网络化、集群化方向发展，催生越来越多的新型科研机构和组织。以“创客运动”为代表的小微型创新正在全球范围掀起新一轮创新创业热潮，以互联网技术为依托的“软件创业”方兴未艾，由新技术驱动、以极客和创客为重要参与群体的“新硬件时代”正在开启。这些趋势将带来人类科研和创新活动理念及组织模式的深刻变革，激发出前所未有的创新活力。

科技创新资源全球流动形成浪潮，优秀科技人才成为竞相争夺的焦点。一方面，经济全球化对创新资源配置日益产生重大影响，人才、资本、技术、产品、信息等创新要素全球流动，速度、范围和规模都将达到空前水平，技术转移和产业重组不断加快。另一方面，科技发达国家强化知识产权战略，主导全球标准制定，构筑技术和创新壁垒，力图在全球创新网络中保持主导地位，新技术应用不均衡状态进一步加剧，发达国家与发展中国家的技术鸿沟不断扩大。发达国家利用优势地位，通过放宽技术移民政策、开放国民教育、设立合作研究项目、提供丰厚薪酬待遇等方式，持续增强对全球优秀科技人才的吸引力。新兴国家也纷纷推出各类创新政策和人才计划，积极参与科技资源和优秀人才的全球化竞争。

全球科技创新格局出现重大调整，将由以欧美为中心向北美、东亚、欧盟“三足鼎立”的方向加速发展。随着经济全球化进程加快和新兴经济体崛起，特别是国际金融危机以来，全球科技创新力量对比悄然发生变化，开始从发达国家向发展中国家扩散。从 2001 年到 2011 年，美国研发投入占全球比重由 37% 下降到 30%，欧洲从 26% 下降到 22%。虽然以美国为代表的发达国家目前在科技创新上仍处于无可争议的领先地位，但优势正逐渐缩小，中国、印度、巴西、俄罗斯等新兴经济体已成为科技创新的活化地带，在全球科技创新蛋糕中所占份额持续增长，对世界科技创新的贡献率也快速上升。全球创新中心由欧美向亚太、由大西洋向太平洋扩散的趋势总体持续发展，未来 20~30 年内，北美、东亚、欧盟三个世界科技中心将鼎足而立，主导全球创新格局。

正如雨果所说：与有待创造的东西相比，已经创造出来的东西是微不足道的。科技创新的前沿永无止境，科技创新的未来激动人心。我们要准确把握世界科技发展新趋势，树立创新自信，抢抓战略机遇，实施创新驱动发展战略，加快建成世界科技强国，为实现中华民族伟大复兴的中国梦提供强有力的科技支撑。

“大智移云”开启产业互联网时代

邬贺铨

中国互联网协会理事长、中国工程院院士

互联网创新平台一直在变化。1985 年以前是计算机；2005 年以前是传统互联网；现在一直到 2020 年，将会以“大智移云”为中心。大智移云，就是大数据、智能物联网、移动互联网、云计算。创新平台的每次演变，都会改变产业和技术路线。“大智移云”时代，智能化的终端、移动互联技术，将使信息技术渗透到社会生活、生产的方方面面。

互联网头 25 年主要是学术研究，1994 年转为商业应用，至今已商业应用 20 多年。随着大数据、物联网的出现，互联网开始面向生产服务领域的应用。“大智移云”时代让互联网进入一个崭新的时期，将与产业深度融合，迈入产业互联网时代。

工业 4.0 与工业互联网

现在都在谈第三次工业革命，这是建立在互联网和新能源结合上的新数字经济时代，也有人说第三次工业革命是制造业的数字化。德国不提第三次工业革命，它提出工业 4.0 战略。工业 1.0 是手工生产到机械生产，工业 2.0 是生产线批量生产，工业 3.0 是生产自动化，工业 4.0 是工厂智能化。德国推动的工业 4.0，生产过程是加工信息和信息集成的过程，包括工厂与其他相关工厂的横向集成，还有从供应链一直到客户端的集成。

2014 年，美国政府与惠普、通用电气、IBM 等 IT 巨头发起工业互联网，与工业 4.0 相似，但工业互联网更强调大数据和物联网的应用。工业互联网的基础包括智能机器、先进分析工具、人机交互，还要实现控制和计算无缝结合，即物理和虚拟世界的融合。未来，工业互联网的经济效益不可估量，根据测算，如果工业互联网能使美国生产率提高 1%~1.5%，那么未来 20 年美国人的平均收入将比当前提高 25%~40%。比如，医疗系统效率提高 1%，那么可以增效 630 亿美元。

智能制造的发展趋势

现在强调数字化时代，整个制造过程中，都是靠数据驱动，产品生命周期覆盖所有的环节。数字化制造是跨过所有制造生命周期的数据集合和应用，基于实时做出更好的反馈。未来产品价值变化有三大趋势：一是硬件创造的价值体现在软件，二是网络连接的价值体现在云，三是商业模式的价值体现在服务。原来软件不值钱，非要搭在硬件上卖才能值钱，也就是软件价值体现在硬件。

美国提出先进制造战略，包括四个方面：一是先进产品，二是先进工艺，三是先进技术，四是先进制造。先进制造有四大领域：半导体、先进材料、增材制造、生物制造。2014 年 10 月，美国先进制造业联盟（Advanced Manufacturing Partnership，AMP）指导委员会发布《振兴美国先进制造业》（Accelerating U.S. Advanced Manufacturing）报告 2.0 版，指出加快创新、保证人才输送管道、改善商业环境是振兴美国制造业的三大支柱。

在促进创新方面，将在增加美国竞争力的新型制造技术领域大量增加投资。国防部、能源部、农业部及航空航天局等政府部门将向报告所建议的复合材料、生物材料等先进材料、制造业所需先进传感器及数字制造业方面加大投资，总额超过3亿美元。以政府提供先进设备，部门与科研机构、高校联动，设立联合技术测试平台等方式促进创新发展。

美国非常关注制造业的数字化设计。数字化设计不仅仅是设计，还包含对未来产品性能的检验。除了数字化设计，还有数控机床，现在中国能够使用数控机床的企业比例不是很高。数控机床是按照固定的程序进行加工，加工的工件随着温度、时间以及材料而变化，并不科学，所以我们希望实现智能制造。所谓智能制造，就是加工过程中利用传感器实时监控被加工工件的状况，回馈修改计算机程序，整个加工过程是智能的。

三维打印。这是一个时髦的概念，如果加工一个圆锥体，要把图纸上像CT（计算机断层扫描）一样的虚拟化分层传输到计算机。传统加工汽车轮毂是减法制造，现在按照计算机预定程序，一层一层叠加上去，叫加法制造（增材制造）。它与做蛋糕差不多，不同的是增材制造要先计算好，加工过程中需要什么材料、什么速度、什么样的粘接方式，以及加工完后产品的应力和强度是不是达到要求。这是计算机软件和大数据的应用。

纯电动汽车。特斯拉做得相当不错，362马力，充满电可以跑500公里，最高时速200公里，100公里加速度5.6秒。它只是汽车做得好吗？不完全，也应用了一些先进技术。特斯拉的电池是从日本一家公司购买的，采用串并联电池，实时监控汽车每一组电池的电压，实时调节每组电池的充放交流。与其说特斯拉是做汽车，不如说是做了一个巨大的移动终端。

材料基因组计划和超材料。针对发动机，我国有许多重大研究专项，难题是发动机的叶片，高温高压高速，一般衔接方式很难满足这个要求，达到高速度的时候材料就变成面条那么软。美国是怎么做的呢？作为“先进制造业伙伴关系”

计划的重要组成部分，美国于 2011 年底推出了“材料基因组计划”，通过材料创新来满足新兴制造业对高性能新材料的需求，带动先进制造业的发展。它使材料从最基本的属性到使用寿命之间建立了很好的关系，反过来推选什么样的材料，这是材料选择。还有一种是超材料，所谓超材料，指的是一些具有人工设计的结构并呈现出天然材料所不具备的超常物理性质的复合材料。典型的超材料有：左手材料、光子晶体、超磁性材料、金属水。

大数据推动生产个性化。青岛有一家企业红领服饰，自主研发了在线定制直销平台——C2M 平台（Customer to Manufactory，消费者需求驱动工厂有效供给）。C2M 平台是用户的线上入口，也是大数据平台，支持多品类多品种的产品在线定制。消费者通过电脑、手机等信息终端登录，在线自主选择产品的款式、工艺、原材料，在线支付后生成订单，实现从产品定制、交易、支付、设计、制作工艺、生产流程、后处理到物流配送、售后服务全过程的数据化驱动和网络化运作。顾客下单后，工厂才进行生产，没有资金和货品积压，运营简单，实现了“按需生产、零库存”，可以最大限度地让利给消费者，而消费者也无须再分摊企业成本。定制生产在成本上只比批量制造高 10%，但收益却能达到两倍以上。过去都是大批量生产，先生产再销售。在经济新常态下，利用大数据，可以实现个性化生产。

移动互联网变革

互联网企业不仅做线上，而且要线上线下联动。BAT（百度、阿里、腾讯）已经做好线上线下连接的服务入口，百度直达号可以让商家在百度移动平台上设置服务账号，厂家直接反馈，把厂家业务关系拓展开来。苏宁原来是做线下的，也开始做线上线下联动。

目前，新业态形成了很多跨界合作。2014 年 1 月，谷歌联合汽车企业成立了开放汽车联盟，发布了安卓汽车开放系统，把手机操作系统应用到汽车上，而且已经实验无人驾驶汽车。苹果也开始强化 iOS 系统，与仪表盘系统无缝结合。百度、阿里、腾讯纷纷进入汽车领域，百度的方式有点类似谷歌，通过人工智能，实现无人驾驶。阿里发挥互联网金融的优势，联手众多汽车厂商，在手机天猫、手机淘宝等 App 客户端试水“车秒贷”，消费者无须提供烦琐资料，只需用手机在线上提交申请，半小时之内即可获知贷款授信额度，网购信用额度最高可达 20 万元。腾讯将娱乐游戏进行到底，跟汽车联系在一起，还与中国人保、壳牌公司合作。它们都在各自擅长的领域实现了向汽车的渗透。

苹果手机很成功，通过 iOS 操作系统和苹果商店，承接几十万移动互联网应用。苹果卖的不是手机而是服务，它把内容与终端捆绑，所以苹果不是一个人在战斗，而是把后面开发者和网民捆绑在一起战斗。诺基亚向智能手机转型则反映迟钝，向移动互联网转型行动不力。阿里巴巴从资金流、物流等全面布局，做的不是生意，是生态；建的不是公司，而是社会化组织。未来，我们不能着眼于企业内部的变革，需要延伸到整个产业链。

向服务型制造转型

制造业服务化是一个趋势。IBM 原来主要生产硬件，硬件收入占 70%，现在服务收入占 70%，已经成功实现向生产服务型的转变。通用电气本来是卖发动机的，它在发动机上装了传感器，提供服务，硬件占收入 30%，利润主要在服务，占 70%。爱立信放弃终端，成为全球第五大软件公司，服务比重已经超过 50%。

据统计，2011 年全球 GDP 达 70 万亿美元，工业领域占了 30%，工业制造业占 17%，产业互联网不限于制造业，也不限于工业，它包括了交通、通信、医疗、保健、金融等服务。2011 年产业互联网增加值 32.3 万亿美元，占到全球 GDP 的 46%，2025 年产业互联网的规模可以达到 82 万亿美元，占全球 GDP 的

50%。互联网在产业的应用，将来的发展前景非常好。

中国互联网正从消费型转向企业型。麦肯锡曾经做过一个比较，中国的网络零售占零售业的比例、电商平台数量、电商用户数，都超过了美国。中国消费型的互联网 2013 年占 GDP 的 4.4%，美国是 4.3%，超过美国。根据工信部发布的数据，2014 年我国信息消费 2.8 万亿元，电子商务是 12 万亿元，对 GDP 拉动 0.8 个百分点。

尽管互联网对产业的影响相当可观，占行业 GDP 的 7%~22%，但产业互联网依然比较落后，目前中国产业互联网的规模是美国的 1/3。美国 VMware（威睿）预测，中国企业互联网 2040 年才能赶上美国。今后，政府要加大开放数据的力度。麦肯锡统计过，在保证国家安全和个人隐私前提下，数据开放可以保证 2.4 万亿元的经济增长。

现在中国进入经济新常态：传统产业供给能力过剩；社会需求个性化、多样化；投资机会从传统行业转到新技术、新产品、新业态；出口竞争从低成本比较优势，要升级成高水平引进来，大规模走出去；生产要素从低成本劳动转到人力资本质量和技术进步；产业组织从金字塔结构转向扁平化结构；生产方式从规模化、自动化、粗放式向小型化、智能化、专业化转变。

李克强总理曾表示，当前中国经济进入新常态，经济由高速增长转为中高速增长，发展则必须由中低端水平向高端转型，要坚定不移地推进结构改革。

建议国家面向企业做好三件事：一是云计算，为中小企业信息化降低门槛；二是政府带动拥有数据的部门面向中小企业开放数据；三是破除限制民营企业进入的门槛，比如汽车，如果让 BAT 进来，情况会有大变化。

总之，“大智移云”推进信息技术与材料技术、生物技术、能源技术以及先进制造技术的结合，开启了产业互联网时代。网络经济成为经济发展新常态时期由中低端水平迈向中高端水平发展的新引擎，产业互联网是经济发展的新挑战、新机遇。

人人创客，引爆引领

张瑞敏
海尔集团董事局主席兼首席执行官

人人创客，是引爆引领的必要条件，也是整个企业变革的一个非常重要的方向：整个企业要从管控型组织变成投资平台，每个人不再是执行者，而是创业者；整个组织，从原来的传统组织变成互联网组织，不是目的，人人创客的目的是实现引爆引领。

“引爆”改变了过去新产品上市的做法。过去，新产品上市爆发得非常厉害，车排在那里拉货，大家非常高兴。但是，那种新产品爆发，就像放礼花一样，非常绚烂，很快就消失了。“引爆”是要引爆用户流量，要从产品的销量转变为用户的流量，不过，用户流量还不是（最终）目的，最后要变成引领。例如，电商就把原来传统的销售完全颠覆了，互联网金融把传统的银行也颠覆了，这才是真正的引领，是完全和别人不一样的。

人人创客

为什么每个人都要成为创客？第一，从外界来讲，时代的变迁，使得每个人都要成为创客，不成为创客就没有办法生存。不是你想不想变的问题，而且必须要变，越早变越好。第二，企业的宗旨是“以人为本”，这是企业一以贯之的做法。20 世纪 80 年代就是这么做的，过去条件不成熟，所以没有做起来，现在有土壤和条件，为什么不赶快做起来？第三，成为创客之后的主要目标是什么？自主创业。

1. 时代变迁，非创客难以生存

经营企业，重要的是经营好两部分人：第一，内部员工；第二，外部用户。哪个企业没有把这两部分人做好，就一定会失败。那么，传统的企业对这两部分人是怎么做的？

先来看对内部的员工。过去，企业把内部员工定义为企业这部机器上的一个零件。为什么？因为从生产上来讲，科学管理、流水线，组织上是科层制。美国喜剧大师卓别林在《摩登时代》的表演就非常生动地体现了这一点：人成为机器的附属物，人成为机器上的一个零件。某种程度上，人变成了生物机器人。

人和流水线连在一起是不是完全反动的？不是。在当时的时代，这是有进步意义的。“科学管理之父”弗雷德里克 · 泰勒（Frederick Taylor）于 1911 年出版的《科学管理原理》（*The Principles of Scientific Management*）指导了企业 100 多年，主要是搞流水线。流水线当时对提高生产能力、提高人们的生活水平起了非常大的作用。最早响应流水线的是美国的军方，企业则是福特汽车。1913 年，福特就搞了流水线，福特也是在全世界第一个提出来每个工人日薪 5 美元的公司，这在当时是最高的工资。而且，流水线提高生产效率，降低成本，每辆 T 型车的售价降到了 345 美元。每天工资 5 美元，每辆汽车 345 美元，每个工人三个月工资差不多就可以买一辆汽车，所以对全社会生活水平的提高起了非常大的作用。每个时代都有那个时代的推动力，但是流水线这个推动力在今天来看肯定是有问题的。

外部用户，因为信息不对称，所有的企业把所有的希望都寄托在广告上：广告做得好，产品就一定卖得好。中国也是这样，在中央电视台做“标王”一定会好。《广告狂人》（*Mad Men*）有一个片段：“很明显，你很出色，你让用户觉得他们的需求都被满足了；但是克斯格洛夫（Mr. Cosgrove）先生的天赋就是让客户觉得没有任何需求。”由于信息不对称，因此要设法让用户感到只有买我这个东西，除此之外，再找不到别的。实际上，福特当年做的车只有黑色。福特本人说，想要什么颜色都行，但我只生产黑色的。

因为信息不对称，找不到别的东西，加之生产效率、生产能力也不是那么高，所以，传统企业内部的员工和外部的用户，实际上都被看成一种工具，被动地听企业的。这在今天的互联网时代显然是不行了。互联网时代并不是“我做什么、怎么让顾客来了解和接受”，而是用户和企业必须融为一体，所以互联网最重要的是零距离、去中心化、分布式。企业必须和用户融为一体，满足用户最佳体验。

例如，“雷神”搞的“雷神之夜”，创业团队、游戏玩家和粉丝的Cosplay（角色扮演），就非常明显地可以看出来是融为一体的。这其实就是我们2005年9月提出的“人单合一”，“人”是员工，“单”是用户，我们要和用户融为一体。雷神的迭代和发展，完全不是我搞出来之后用户再接受，而是我们和用户一起共同研发。用户是听你解释、被动接受你宣传的吗？创业团队成员是设计师，是营销员吗？都不是，而是融为一体。

2. 海尔的宗旨：以人为本

我们企业始终坚持“以人为本”。在20世纪80年代创业的时候，中国企业的管理还非常粗放，没有什么管理，都是在学习日本的全面质量管理。但是，我们当时也在做管理基础的工作，在管理比较粗放的情况下，就搞了一个自主管理班组。尽管 20 世纪 80 年代的生产条件非常差，但我们觉得，无论如何也应该发挥员工的主动性。当时我们的班组是冰箱门封条的班组，质量要求非常高，但当时的焊接是人工来做的，所以人工的操作技术和责任心起着非常大的作用。实施自主管理班组前，这个班组里面是各人管各人的，谁也不管别人，之后变成了大家要共同对质量负责，技术好的工人就主动帮助技术差的工人，共同把质量做好。另外，门封条焊接设备要加热，可能要 20 分钟到 30 分钟。每天工人上班换上衣服后，谁都很享受这半个小时，反正设备在加热，没有事干。后来他们觉得要提高效率，就自己排班，轮流提前过来加热机器，大家来了之后直接干。

但是，这个班组的活动没有很好地推广开，为什么？两个原因。第一，信息化。当时信息取数没有现在的信息化水平，不像现在一扫描什么都有了，完全是靠人工统计，带来了差错、遗漏等问题，还有人造假，当时的信息化水平阻碍了推广。第二，薪酬。人家干得好，你在薪酬上要多给他一些钱，发工资怎么发？不管青岛什么工厂，青岛市劳动局每个月都给你规定工资限额，这个月应该发多少钱总数框定好，回旋的余地非常小。

尽管没有推广开，但是我们一直在探索，包括我们后来搞的自主经营体、利共体等，都是当时这种文化和思维的贯彻。今天这两个问题都不存在了，每天的数据都可以非常清楚地显现出来，也没有人来审核你的工资限额，所以现在应该让当时的这种思维和文化迅速落地。

3. 创客的主旨：自主创业

成为创客之后，你能做什么呢？你的目标不能偏移，所谓的创客就是自主创业者。自主创业主要是两点。第一，从集团的角度，把管控组织变成投资平台之后，三权——决策权、分配权、用人权——彻底让渡。一个企业如果有了这三项权力，就一定是一个独立的企业。在企业管理的过程当中，曾经有一段时间要求企业更多地放权，但始终没法做起来，因为这三项主要的权力都在总部手里，主要的权力始终没有放开，下边再怎么放权都不行。现在三权彻底让渡，哪怕一个小微也具备了这些权力。

例如，平台主李华刚的巨商汇（www.jushanghui.com）平台 2014 年 12 月 26 日上线，当时定 1 月份的目标是 1 亿元，最后做完了是 8 个亿元。它成立了很多小微团队，产品节点、技术节点、客服节点、物流支付节点、运营节点、增值节点等，所有的小微联合起来面向市场。但是，用人权是完全根据市场来的。李华刚把人力平台开放了，谁能干谁就进来，原来的老人淘汰了 80%，新人大部分都是从互联网企业过来的。出乎意料的是，还有人适应不了这个环境。用人权并不是说放在你手里，你爱用谁就用谁，而是从市场出发，这个市场需要什么样的人，什么样的人就应该进来。在一个开放的人力平台，谁能够完成这个单就引进来，完成了这个单就得到相应的薪酬。所以，这么做之后，不再是用管控的方式来指挥小微，而是小微自演化。

第二，从员工的角度，要自我突破，“破一微尘出大千经卷”。大千世界里面，茫茫宇宙当中，每个人就是一粒微尘，每个人都微不足道。但是，落到今天的实际来看，每个人又都是独一无二的，都有不可限量的潜力，问题是能不能发掘出来。集团已经把三权下放了，你不再是执行者了，就应该自我突破，只有把自己都想象不到的潜力发挥出来，才能出大千经卷。

比如，王强从传统的销售人员转变为机械师小微主，搞的是机械师游戏本，三个“80 后”小伙子（李艳兵、李宁、李欣）原来是普通的质检员工，后来搞出了“雷神”游戏本，因为发现了市场的需求然后出去做，就做起来了。在某种意义上说，他们就是实现了自我突破。不自我突破，怎么发挥你的潜力?! 再比如，两个车小微，周强从餐厅打工者变为货运代理公司老板，从 1 辆车到 5 辆车，刘伟从海尔平台服务者转变为海尔平台创业者，从 4 辆车到 11 辆车。原来我们的物流是统一指挥，现在变为每个人都可以自我发展，都可以抢单，而不是等着上级分配。他们等于真正实现了自我突破，把自己的潜力发挥出来了，现在是一个小公司，今后可能成为一个大公司。

是不是做到这里就可以了？不行。不仅要自我突破，还要像启蒙运动口号、哲学家康德的名言所说的“鼓起勇气，运用你的理智吧”，用理智做更好的事情。笔记本现在已经非常好了，已经自我突破了，能不能再上一步呢？不仅仅做笔记本硬件的引领者，而且应该成为游戏的引领者。游戏本毕竟有一个限度，但是变成游戏（从业者），那游戏行业就非常大了，这对他们的挑战非常大。谁能做成呢？现在已经吸引了一些风投。风投认为，你们两家做的是同业竞争，差不多，最后只能够投一家，谁强就把另外一家兼并过来。在某种意义上说，谁做得快就一定能把另一家兼并过来，就能在整个行业里头占据非常显著的引领地位。车小微也一样，做得非常好，这不是目的，目的是做成移动的电商，在你这个车上，用户可以得到所有想得到的东西。正如他们自己讲的，中国社会是人情社会，我每天和你打交道，为你服务，是一个非常大的优势，这在网上可能是做不到的。而且，电商将来面对的最大问题就是假货问题，但我可以提供最稀缺的东西——信誉。这一点一旦明确就要加快速度。

引爆引领

不管是笔记本也好，还是车小微也好，目标都是引爆引领。员工变成创客了，也有自我突破了，目标是能不能做到引爆引领。引爆引领是海尔 2015 年的发展主题。引爆是质的突破，而非对原结构的修补；引爆创造的是用户流量，而非无法交互的顾客销量；引爆的目标是引领，即实现从 0 到 1，而非原有的从 1 到 N。

1. 质的突破，而非对原结构的修补

引爆是一个质的突破，特别是战略、结构上的突破。引爆的前提是人人创客，如果人人创客没有做到，引爆是不可能的。为什么这样讲？第一，引爆不是新产品的爆发，而是用户流量的爆发。用户的需求是千差万别的，海尔每个人只对着自己的用户，引爆就没有基础。第二，引爆需要的是吸引用户，需要指数科技的开放资源。

例如，洗衣机免清洗小微说得很好，原来准备 6 个月迭代一次，现在一看不行，能不能每个月甚至每周都迭代？如果这样做，肯定没问题，或者至少说有了这个基础。那么，做到这一点靠什么？靠指数科技。如果没有指数科技，今天换个颜色，明天换个门，这个没用，关键要看能不能拿指数科技出来满足用户，吸引用户。用户流量和指数科技是相辅相成的，希望用户流量更大，前提必须要有很多科技在手里；有用户上来交互，就会有更多科技资源进来。有指数科技，用户流量大；用户流量更大，就会有更好更多的指数科技进来，否则会恶性循环。指数科技的资源并不是由我们自己搞出来，要整合全球资源都来为我们服务。但是，要想全球资源都愿意来，问题取决于你有多少用户流量。

引爆的前提是人人创客，人人创客的前提是两个平台：投资驱动平台和用户付薪平台。今天是创客，明天不一定是，需要持续的驱动力。第一个驱动力就是投资驱动，也就是所有的创客创造出的价值谁来认可？有没有风投？有风投就是资本的市场化，风投进来后一定要求人的市场化——人要是根本不行，就必须要换人，人才市场化就意味着薪酬市场化。这跟过去雇用职业经理人不是一个概念：职业经理人往往是来以后谈条件，一年给多少钱、什么待遇等等；现在不是，而是完全的市场化——能够为市场创造多大的价值，就可以得到多少，假如上市还拥有一定的股份。集团三权都让渡了，还有什么呢？资本投资者。这个投资者和市场的投资者结合在一起来驱动你创造价值。

用户付薪的平台使创客必须永远和用户连接在一起，因为你的薪酬是用户给的，如果你能创造价值，用户就给你薪酬，创造不了就没有薪酬。这也说明，创客是动态的，今天创造用户，用户付薪给你；明天没有人给你付薪，可能这个创客就要换了。

所以，在引爆引领的前提下，要把整个战略、组织彻底地改变，每个人员都要成为创客，每个创客都受这两个平台驱动。

2. 导向：从顾客销量到用户流量

我们原来的考核很简单，就是销量是多少，利润是多少，增长率是多少，根据这些数字来拿工资；现在不行，现在要根据用户的流量来考核。

麻省理工学院斯隆管理学院教授约翰 · 利特尔（John Little）教授提出了一个很有名的“利特尔法则”。所有的小公司都应该知道的大定律是什么？用户流量、用户黏性、用户规模成长是企业成功的三个前提条件、先决条件。利特尔定律讲了怎样吸引更多用户并黏住他，跟你共同成长、共同开发或者更好地创造新的用户体验。用海尔内部的语言，我们把这三者归纳为“多久深”。

多：用户规模增长的速度多快，一个行业里多少用户被你吸引过来了。

久：用户黏性有多久，用户待一分钟还是一个小时？

深：用户规模成长体现的深，是指用户待的时间长了以后，能不能和你共同创造用户最佳体验，能不能参与到你的前端设计中，能不能创造更好、更快的迭代？

我们一直在做并有一点小小的成效的，有两个例子。一是雷神。粉丝数和销量比较起来，粉丝数比较高，销量比较低。2013 年 12 月，它的粉丝量只有 3 万，到 2014 年 6 月，半年的时间，粉丝量 49 万；3 万的时候，销售游戏本 500 台，网上销售了 4 天；当它有 49 万粉丝的时候，同样是 500 台游戏本，在网上

1 秒钟抢光。4 天和 1 秒，4 天对应的是 3 万粉丝，1 秒对应的是 49 万粉丝。免清洗的洗衣机在 2014 年 7 月时，交互用户的定义还有一些问题。按照定义，在 7 月的时候交互用户就 40 万，年底就到了 100 万。交互用户 40 万的时候，当月销售了免清洗的洗衣机 2 500 台，但是到了年底 100 万交互用户的时候，一个月销售了 15 万台。所以，交互用户数和销量是相对应的，能不能有更多的交互用户，粉丝量和销量是不是融为一体（不能 6 个月才迭代，而是每个月甚至每周都迭代），用户规模的成长不仅仅是待多长时间、买你的货，这些都是非常重要的。

当然，现在只是说有一点引爆的意思，能不能持续引爆、引领呢？梅特卡夫定律指出，网络价值与网络规模的平方成正比，用户的规模主要是由节点和用户组成的，用户数多了之后，要进入拐点或者引爆点，重要的是能不能让用户自交互。随着网络中接入用户数量的增加，用户间连接的数量可能出现指数级增长，用户越来越多，最后爆发更多是因为用户之间的交互。所以，如果用户之间还不能够自交互，就还需要努力；如果可以，那么每次创造的价值就会远远大于前一次的价值。总之，我们离真正的引爆引领还有很大的距离。

3. 从 0 到 1 而非从 1 到 N

美国人彼得 · 蒂尔（Peter Thiel）在他的《从 0 到 1》（*Zero to One*）① 中写道："做大家都知道如何去做的事，只会使世界发生从 1 到 N 的改变，但是每次我们创造新事物的时候，会使世界发生从 0 到 1 的改变。"

所谓"从 0 到 1"是指开辟另一条路，比如如果车小微完全变成移动电商，可能就是从 0 到 1，因为走的是另一条路，而从 1 到 N 是指在原有的那一条路上做出小改变。我们现在正在做的是从 1 到 N 的改变，还是从 0 到 1 的改变？比如冰箱、洗衣机，比起我们所有的传统产业，现在在增长，但基本上很大一部分

① 《从 0 到 1》中文版已于 2015 年 1 月由中信出版社出版。——编者注

还是按照原有的方式，所以是从 1 到 N。洗衣机如果能够从 0 到 1，不是我提供的产品更好，而是我的洗衣机跟别人完全不一样，如果不用水，变成网器呢？毕竟用户需要的不是洗衣机，而是一件干净的衣服，一个洗衣的服务方案。能不能做到呢？现在肯定还没有做到，但是有没有想到或者有没有去想呢？

我们最后一定要引领。引领是什么呢？就是从 0 到 1。现在有没有呢？没有；我们有没有持续引爆呢？也没有；有没有引爆？少。2015 年，我们聚焦的目标是引爆引领，虽然不可能做到全部，但是每一个平台至少有一个能做到引领。这个必须倒逼过来：什么时候持续引领、持续引爆呢？这个要很快解决。怎么解决呢？怎么从没有引爆变成引爆？不要慌也不要乱，一定要落实到两张表上——“两维点阵表”和“人单酬平衡表”。

一开始，有些平台是非常不开放的，引进几个人也要听他指挥，那和原来有什么区别？然后逐渐释放开放的目标，最后变成一个开放的平台。只有综合的资源多了，持续引爆才有可能，到了引领可能全球资源都在这里了。有些平台主还要想一下，2014 年没有什么大的突破，重要的是你的封闭空间没有去掉，这个人很熟悉、认识，这个人比较好指挥，比较听我的话、好驾驭，就引进来，否则就不引进来。其实不用你驾驭，因为市场由用户来驾驭。一定要引领，那现在就要想我有没有去封闭空间化，引进一个人才，结果引进来之后要听你指挥，这个不行。“人单酬平衡表”本质是去中心化。所以，你可以想，我现在做的有问题，主要是这“两化”——有没有封闭空间化，有没有去中心化？单酬平衡使人不断优化。平衡是指打破原有平衡追求新的平衡的过程，是螺旋上升的过程。如果一个人干不了高单，可以找更高的人；有更高的酬，就应该有更高的单；拿到更高的单，也应该有更高的酬。

海明威说：“优于别人，并不高贵，真正的高贵是优于自己的过去。”每个人都不可能在真正意义上优于所有人，没有人说自己是世界第一，你可以说吗？封闭起来看，你可能是世界第一，其实世界高手多的是；从时间节点来看，可能你今天是暂时第一，但不一定是明天的第一，没有人是永远的第一。所以，一定要去封闭空间化。现在有的人很可笑，把定的空间缩减，于是认为在这个空间里自己可能就是第一。这个没有任何意义。

“悔恨自己的错误，而且力求不再重蹈覆辙，这才是真正的悔悟。”过去的一切重新来过，要完全颠覆，才能做起来。要和自己的过去决裂。为什么？因为我们很多人并不认为过去的那一套是错误的，因为我们过去就是这么干的。但现在是互联网时代，你一定要颠覆，但是很难颠覆，所以2014年我们的成效不大，很多人还固守自己的那一套想法，而且会形成两张皮——说的时候，老是说我们一定要搞这个，我们要搞用户资源，但最后落实还是要销售，并没有认识到自己的错误，没有真正的悔悟。没有真正的悔悟，怎么可能有真正的高贵？希望未来我们每个人都能够从真正的悔悟走向真正的高贵。

数字革命的五大趋势

李开复
创新工场董事长兼首席执行官

很高兴在生病后第一次在中国大陆做演讲。其实，有一个很重要的巧合，17年前，第一次回大陆工作，首次回到北京时，很荣幸很高兴在《科技日报》发表了一篇对未来科技的想法，谈到中国科技的发展是否能成为硅谷。当时中国的科技产品很落后，教育也很落后。但短短17年，我们看到了奇迹，中关村已经成为全球最顶尖的创业基地。2015年硅谷的彼得·蒂尔来到中国，在演讲中提到中关村是全球最好的创业基地之一。

今天我们要想想，到底是什么带来了这样的革命，中国创业者带来了什么，能使中国做到全球第二？如果他们继续这样走下去，我认为中国的创业者能达到全球领先。在此我想分享几个想法：第一，数字革命带来黄金创业时代。第二，数字革命改变我们的未来，未来会更美好；第三，走向全球的创新机遇，中国的创业者如何把握。

移动互联颠覆了我们的生活

首先谈全球的趋势。多年前，确切地说40年前，那时候还没有PC概念。但很快出现了两次革命，PC革命和互联网革命，每个人有PC和手机可以上网，随之诞生了很多全球性的公司。但是，过去5年的发展成就基本把过去35年比下去了，可以说过去35年几乎微不足道。过去5年，移动互联和社交网络的发展把人和信息连起来，把人和人连起来，人可以随时找到人和信息。35年的成长，全球有20亿台移动设备；但这5年，全球就有60亿台移动设备。

世界上最领先的公司，在哪些地方改变了我们，我们都可以看到。美国和中国的公司真的是在领跑全球。过去我们看的纸质书，现在真的正在被取代。很多业界的合并，比如滴滴和快的，改变了我们的出行。过去拍照都用很大的相机，现在都用手机。购物现在用支付宝，存钱用余额宝。仔细思考一下，如果今天把你的手机交给10年前的你，告诉他都有些什么功能，10年前的你一定会非常惊讶，觉得你乘坐时光机来自未来。为什么会这样？因为我们在使用这些东西的过程中，用着用着就已经忘记了这10年所发生的革命性改变：改变了我们生活的细节，怎么交朋友、怎么工作、怎么购物，都被移动互联网颠覆了。

六大现象催生了创业浪潮

第一，计算越来越便宜，计算成本大幅降低，使人人可以拥有手机。

第二，基础设施大规模建设。从过去的电缆网络到现在的无线3G、4G，未来还有5G，各种技术让我们可以无所不在。虽然运营商是否赚钱不清楚，但却给腾讯、百度等公司带来了巨大的利润。

第三，创业成本达到历史新低。过去30年，设计一台PC可能要几千万元的成本、花5年的时间。但到了今天移动互联网时代，创业成本很低，三五个大学生创立一个 App，让人们免费下载，如果产品足够好，他们的创业成本也就几十万元。如果用自己的时间，用开源的软件，创业成本几乎为零，这简直就是无本生意，只要你的工程师愿意把时间和精力放进去，你马上就可以拿到投资。如果大家都出来创业，我们的创业环境多么令人期待。

第四，成长快速。如果没有过多的渠道商，你的成长会非常快。小米从几百万台手机到几千万台手机，就靠互联网来销售和服务，整个都是互联网思维，可以做得很快。数字革命加速了创新创业的速度。

第五，有很多聪明的投资人进来。聪明人给你钱，价值就不一样了，他会帮你出点子，帮你介绍人脉，或者把资源送给你，这个时候你就真的如虎添翼了。创新工场也希望自己是聪明的，更重要的是靠知识、人脉和资源帮你把公司快速做大。

第六，最后一点很重要，天才进入什么行业，什么行业就开始颠覆。现在去查一下，去名校的天才们，不再是去考经管系毕业以后当高管，而是创办一家公司。我深深相信，天才投入到某一个行业，这个发展是难以预测的。如今，全球的天才越来越多地投身创业，会导致创业越来越热。这就是为什么数字革命带来了巨大的改变。每个领域都有特别的优势和机会，但数字革命的触角可以接触到人的每一个面，真的可以改变每个人生活的每一分钟和每一个细节。

数字革命才刚刚开始

移动互联网时代有 60 亿台移动设备，再往后 5 年，则有可能会有 400 亿台。不是说移动互联革命已经结束了，现在就靠移动互联来赚钱吧。不是这样的。我们的数字革命才刚刚开始，未来移动设备会比过去再多七八倍。未来 5 年，成长更巨大。除了手机、平板，还有可穿戴设备、联网的汽车，整个加起来是 400 亿台移动设备。

谁有大数据，谁就占据优势

PC 和互联网是第一个周期，移动和社交是第二个周期，第三个阶段和周期则是云计算和大数据以及 O2O 共享经济。现在，在移动互联的后台来看，全民在网上的一举一动都能够被巨大的运营商和创业者接触到，后台的大数据可以分析出非常多的细节，做出非常精确的预测。谁有大数据，谁就占据了巨大的优势。数据的储存和挖掘以及机器的学习和智能化会带来巨大的革命。

物联网有更多想象空间

另外一个就是所谓的物联网的概念。过去在机器上面加微处理器让其上网要几千元人民币，现在几百元人民币就能搞定，只要你买一部手机。未来，我们每个人家里的手表、鞋、温度计都可以联网。只要在任何一个有电能上网的地方，花几十元甚至几元钱就能让某个东西上网，这就是万物互联，这会带来更多的想象空间。

新趋势引领的创业黄金时代

400 亿台上网设备，未来发展有 5 个趋势。

第一，年轻人将引领未来的内容、技术和投资。他们是数字时代的新一代。过去精英的一代，带给我们很多好东西，但又确实给我们带来了很多陈旧的无法移除的东西。

年轻人不一样，越年轻，越会接触新的产品。有些人第一次用微信时，可能是孩子教的。很多有趣的东西，都是孩子们教的，他们出生在互联网时代或者移动时代，他们的脑子里没有别的想法。大家可能看到过一个孩子在电视前滑动电视屏幕，他们认为世界都是可以滑动的，年轻人更喜欢轻松有趣吸引人，喜欢那些能动特别是能互动的东西，他们是引领时代的人。

我们的 95 后是非常具有指标性的时代引领者。我们的 90 后会跟 95 后学习，85 后会跟 90 后学习，80 后会跟 85 后学习，70 后、60 后不一定有希望了。

未来，一定是年轻人的时代，他们引领内容，这是一个趋势。年轻人做产品，做代码，做给年轻人看，给年轻人玩。还在用农业思维思考的人活在工业社会，不会带来革命。很遗憾，我们很多人都是出生在农业时代。创新工场做的东西，我都不给我大女儿看了，她已经 23 岁，已经 out（落伍）了，小女儿还可以。

第二，看任何问题，千万不要用“旧世界”的眼光。比如电动车，电动车只是未来发展的一个环节，汽车用电还是用汽油不是很重要，重要的是人为什么要买车，谁来铺路。旧思维都是农业思维。

未来的汽车是什么样的？未来的汽车应该知道我每天从哪里去哪里，需要的时候车出现，用完车就消失，这部车也不是我的，因此汽油和充电都不重要。车为什么一定要有司机，谷歌在研究自己开的车（自动驾驶），衡量了一下，出的车祸比人开车少得多。滴滴、快的一定是最终的叫车模式吗？其实最花钱的是司机，不要司机那就省钱了。

我们可以发现，现在买的车，97.5% 都不是从 A 开到 B，如果一辆车没有从 A 到 B，就有浪费。如果在共享经济里，我们只需要 2.5% 的车就够了。当然，这是很理想主义的想法，实际上不会达到完美的效率。今天如果北京 10 辆车里退休 8 辆，我们用共享的方式使用汽车，就不会堵车。

如果换一个脑袋，不要用旧思维来思考，就能够创新。回到 100 多年的纽约市，那时最大的问题是马粪太多，当时很多人包括公务员都在考虑怎么把马粪拉走或者让马少拉一点，最后解决问题的却是汽车。要解决很多能源问题、交通问题，不见得要靠一种技术，而是要靠更革命性的东西。

第三，物联网是比移动互联网更重要的变革。5 年前如果你问我物联网，我会认为你在吹牛。当时让机器上网，成本很高，但现在不是了。如果你问我你该投资什么，5 年前我告诉你移动互联是最大的趋势，但我无法预测到现在大家手机里却在用微信和陌陌。我只能告诉你哪些方向，但你要让我告诉你确切的东西，那很难。未来必将出现新的关键应用，尽管我们现在不知道是什么。还有一个问题是业界的标准问题。互联网有一个世界的标准，沟通起来就很容易。如果微软、腾讯都有自己的标准，一切就乱了。业界的标准达到之后，比如汽车未来就都能上网了。在交通堵塞的时候，你要飞速到公司，领导让你马上过去。现在你只能给司机说开快点，未来汽车就可以和其他的汽车沟通，比如你对前面一辆汽车说，"你要不要开到右边让我"，那辆汽车可能说"凭什么我要让你"，你说"我可以给你两分钱"。这就是未来机器和机器交流的状态。

第四，大数据比你自己更懂你。这不是吹牛，如果到商家，你买了东西，它就知道你下面该买什么。美国的商家会精确地看消费者买了什么。比如一个经常被引用的案例，美国的一个超市通过分析一名 15 岁女孩的购物数据，给该女顾客寄来了孕婴童试用品，女孩的父亲非常生气，马上投诉超市，因为她女儿才 15 岁，怎么会买孕妇用品，但不久后这位女孩的父亲发现她确实怀孕了。未来的卖场和服务，深深知道你是谁，你住在哪里，过去购买了什么，习惯买什么，还有今天肚子饿了想吃什么，电脑比你自己更知道你要什么，比你自己更懂你。

第五，最后一点，创新实践更多来自小公司。克莱顿 · 克里斯坦森（Clayton M. Christensen）的著作《创新者的窘境》[①] 讲了这样的道理。很多领先的大公司赚了很多钱，这反而是个窘境，因为会被淘汰。过去一些公司，在互联网时代领先，但在移动互联网时代被淘汰。因为他们用过去的东西赚了很多钱，当新的东西出现时，他们不会评估新的东西，既然过去赚了那么多钱，那也就可以了。过去的成功让你看不起新兴事物，而更严重的情况是，你会认为新兴事物影响了你旧事物的利润，你会更不愿意用新的东西。

---

① 《创新者的窘境》中文版已于 2010 年 6 月由中信出版社出版。——编者注

最著名的是柯达，它发明了数码相机，但是最后却破产了。这不是柯达的人太笨，而是他们陷入了创新者的窘境，他们总觉得胶片更好，不愿意让数码相机影响到胶片的利润。当然他们的胶卷还是赚了不少钱，但最后却失去了新兴的市场。那些花很多钱做投资的公司可以把自己美好的东西延长 30%~50%，但新的挑战者迟早会代替它。对创新工场来说，大公司做的我们没有兴趣，未来属于年轻人，也属于小公司。

更懂你的智能硬件

更懂你的智能家居可能比较贵，但以后会越来越便宜。重要的是，它们越来越懂你。例如，智能钢琴，你越弹，它就越知道你的水平。智能交通，给你一台平板电脑，就可以让车成为数字化的智能汽车。科幻的未来，是我们共同的目标，不是一个公司就能颠覆未来，而是应当一步一步慢慢来。机器人会越来越多地成为消费品。科幻片里的机器人的智能水平是很难达到的，虽然它们会越来越聪明，但在大环境里会遇到很多问题，比如语音识别会下降很多，所以科幻电影的机器人也是一步一步来。但现在有一个智能的机器人来帮我们扫地，这是可以期待的。还有各种健康管理。整个医疗行业是最需要靠数字革命来颠覆的，数字革命可以从测量自己的血压心跳开始，未来会越来越便宜，比如椅子告诉你坐姿是否正确等。

让教育像游戏一样有趣

过去，医疗和健康没有接受新技术，教育可能更没有接受新技术。多少年来，最好的教育就是学生坐在下面听老师讲，然后提几个问题。现在，除了老师之外，还有网络帮你测试，老师教书时有平板电脑帮你沟通。但现在所有的一切还只是冰山一角。教育的未来在于个性化、自适应、学生中心化。以后会有增强现实和虚拟现实，学习就像玩游戏一样有趣。比如我中学时代，感到最难学的就是历史、地理，过去要背诵皇帝哪年出生哪年干什么，各种年代、事件、战争、年表……如果有了虚拟现实的头盔，就可以身临其境历史事件，例如秦始皇焚书坑儒，你可能是秦始皇，也可能是一个被坑的儒，获得旁观者或者被坑的“儒”的体验。未来就要让学生把学习当成乐趣。这个思维是很难的，从农业到工业，从 PC 到移动，这是要换一个脑袋来做的。但是，我们都是被旧思维教大的，但如果全世界的人的想象汇聚在一起，未来还是很光明。

共享经济的优势

过去自己花钱买房买车，自己开车。现在则只要你会开车，提供了服务，大家点赞，就可以成为大家信任的司机。Airbnb（“空中食宿”网站）就是把普通的房子出租，美团网邻家的小店都可以出租。衣食住行，都被共享经济介入，把自己的东西分享给别人让大家一起用，享受最方便最好的服务。现在的一些服务，比如美甲、按摩，未来都在家里可以发生，对消费者来说，省了时间、得到了更好的服务，还省了中间人。因为中间人要拿很多钱，其实并没有做什么，也不会告诉你谁的服务好。但如果网上很多人告诉你这个人做得很好，对你来说就是保障，对整个社会的促进是非常快速的。

中国的机会和优势

我们把市值 10 亿美元以上的公司加起来，美国总共 1 800 亿美元，中国 600 亿美元，全世界除了美国和中国以外的其他所有国家加起来也就 300 亿美元。好消息是中国在 10 年前，市值只有美国的二十几分之一，今天美国占到世界三分之二时，中国占到世界的九分之二，这是一个奇迹。但挑战是，目前似乎还是美国的世界。不过中国的机会很多。

第一个优势，中国移动互联网还有很多后发优势。首先，中国的网民只占到总人口的 48%，美国是 80%。中国三线四线城市的居民之所以过去不是互联网网民，是因为他们还没有接入互联网。但现在他们可能跳过 PC 直接进入移动互联网。还有，越来越多年纪大的人也开始上网。农村也有巨大的潜力。

其次，中国大中城市人口稠密，服务业水平不高，是共享经济数字娱乐等移动互联网核心领域的最佳实验室和最大舞台。像中国这种送到家的服务，在美国是做不到的。熟悉美国的朋友可能知道，美国从一个家庭到另一个家庭，开车有时会有 40 分钟，而且是在不堵车的情况下，所以根本没有办法做配送和上门服务。美国开车 40 分钟的钱算在谁头上？因此，中国和美国各有各的优势。

再次，中国是制造业大国，过去在制造过程中，成为世界工厂，但利润被创新者拿走。现在越来越多的硬件创业公司来自中国，未来的品牌优势可能不一样。过去我们希望传统品牌走向国外，但现在跨过了这一步。小米在很多国家卖，这个过程在很多领域都可以期待。

第二个优势，中国式创新成本更低，战斗力更强。大投入获取市场领跑者地位：只有领跑者才能够获取巨大利润。通过免费产品来迅速获取用户，拓展市场。

第三个优势，中国的创新和美国不一样。美国可能是颠覆式的，乔布斯说他早上起来照照镜子，就知道未来用户会想要什么。这才是颠覆。中国可能没有乔布斯，但中国很大的好处是，现在绝大多数创业公司不是靠一个乔布斯，而是靠精密地去研究用户想要什么，先做一个简单的产品，不断滚动，一点一点迭代更新，在研究用户的基础之上迭代。我们想想，腾讯微信第一个版本是什么样就会发现，微信每天都在迭代成长，所以有这种模式，可以越做越大。现在腾讯微信和脸谱网，都是这样的迭代，所以不需要天才乔布斯，只要一个勤奋能干、执行力强的首席执行官就可以了，中国恰恰就是有这样的人。中国企业家的优势是后劲足，更勤勉。今天，迭代式创新的移动互联网时代来临之际，中国创业者的素质特别适合这样的发展。

第四个优势，如果我们希望比九分之二更大如何办？国外还有很大的机会。过去，美国只要做出东西，哪怕只做很少的东西，就可以进入发达国家，占领了欧洲，占领了澳大利亚，占领了加拿大。他们是英语语系，而且崇拜美国。中国的机会在哪儿？如果中国进入英国，肯定没有美国有优势，但中国如果进入马来西亚、印尼、越南、泰国则更有优势，因为发展中国家的用户和中国的用户更像。所以中国公司走向全球，像昆仑万维、猎豹，都告诉我们，中国公司走向世界是很有希望的，因为在很大程度上，中国用户的分布跟未来的发展，引领了落后中国几步的国家。

第五个优势，是中国的新一代起来了。这一点特别重要，因为2009年创新工场成立的时候，我们是手把手教他们创业。他们对创业的条款、管理和运营方式都有很多疑问，需要我们帮助。今天我们发现，情况正在变化，创业者越来越年轻，都差不多30岁左右，而且有多次创业的经验。学习创业最好的方法，就是加入一个创业公司而不是一个大公司。最好的推动机器，就是让他离市场化更近。今天数字革命时代，并不需要特别多的政策来挑选，大学来培养，市场机制已经很成熟了，只要让年轻人有创业意识，多用他们的产品，只要让他们加入创业公司学一学，他们很可能就会做出下一个小米、腾讯等很棒的创业公司。

除了创业者年轻，投资者也很年轻。这个过程都在发生，非常乐观。5年前，年轻的创业者主要来自大公司。但现在，就有十几家公司达到上亿美元甚至十几亿美元的估值。公司里培养很多人才，他们赚够了钱出来办公司，有些没赚够钱但是赚够了经验，有些拿钱直接做了投资人。这一整批人会掀起巨大的浪潮，我们可以看到更让人欣慰的现象。好像我们认为移动互联网是一个巨大方向，但创业者不再扎堆热点领域，而是分散在几十个不同领域，真的是在各个领域百花齐放，创业者手把手相互教，整个生态系统基本完成。

技术颠覆大潮才刚刚开始

瓦德瓦
美国奇点大学创新与研究副主席

技术正以我们前所未见和不敢想象的规模发生改变，并将引发无数行业被颠覆。这种趋势让我感到担忧，因为我们还没有做好迎接这些改变的准备。在未来15年到20年间，当前大多数处于领先地位的公司将不复存在。以下5个领域需要密切关注。

制造业

机器人技术与3D（三维）打印技术使得制造业在美国和欧洲的成本远低于中国。来自Rethink Robotics公司的Baxter、Universal Robots公司的UR10等机器人已经配置武器，它们的屏幕可以向你展示他们的情绪，传感器可发现周围发生的一切。操作机器人的成本远低于雇用人类劳动力的开销。我们现在可以使用机器人每周工作7天、每天24小时替代人类。随着时间推移，这些机器人将变得越来越复杂，能够从事的人类工作也越来越多。制造业无疑将被这些技术大范围颠覆。对于美欧以及亚洲部分地区来说，这是个好消息，因为它将变成地方产业。可是对于中国来说，这是个糟糕的消息，因为中国经济非常依赖于制造业工作。

在未来10年中，机器人很可能会参加罢工，因为我们不再需要它们。它们可能被3D打印机取代。在未来15到20年间，我们甚至能够利用3D打印技术打印电子产品。可以想象一下：你可以自己设计iPhone，然后在家将其打印出来。这有可能成为现实。

金融改革

我们已经目睹了比特币引发的激烈争议，许多科技公司和零售商支持使用比特币。此外，众筹正动摇风险资本行业，令其边缘化，因为通过众筹平台也可以向初创企业提供资金，这正取代风投公司提供种子资金。很快，我们将可以通过众筹方式贷款购房、买车和其他商品。随着越来越多人以无卡方式购买货物，我们将不再需要当前的实体银行和金融机构。美国银行似乎相当自满，因为它们有法律保护它们免受竞争影响。但是美国法律不适用于其他国家，我们将看到国外发生的创新颠覆美国金融行业。

卫生保健

苹果公司近来推出了其健康信息平台Healthkit。苹果希望这种应用可以储存来自可穿戴传感器收集的数据，这些传感器很快将被用于监控我们的血压、血氧饱和度、心率、体温、活动水平以及其他体征。谷歌（微博）、微软以及三星也在确保自己不会落后，正争相向用户提供最好的健康数据平台。利用这些数据，它们将警告我们何时会生病。基于人工智能的医生会向我们提出建议，包括我们需要如何做以确保健康。

医学检查数据往往十分复杂，特别是肿瘤领域的检查数据，人类医生通常很难读懂。当它们与基因组数据整合起来后，将变得更难以理解。在过去15年中，人类基因组测序成本已经从数十亿美元下降至数千美元。如果按照这种速度进行下去，人类基因组测序将在未来数年内实现免费，我们所有人都可接受测序。当你将这些数据与医学传感器收集的数据结合起来后，我们将迎来医学革命。我们将不再需要医生，机器人医生将可进行更为复杂的手术，整个医疗体系将被颠覆。

能源产业

5年前，我们担心美国将会耗光石油。今天，我们将美国比作沙特，因为我们采用了液压碎裂法。的确，液压碎裂法是一种可能造成损害的技术，可是它帮助美国实现了能源独立，并很快成为能源出口国。许多人对太阳能不太满意，但实际上，在过去35年中，太阳能的价格已经下降了97%。照此速度发展，在2020年左右，太阳能将帮助美国电网实现平价供电。这意味着，在家使用太阳能发电将比从电网中购电更加便宜。在未来10到20年间，你自己使用太阳能发电将与从电网上购电差不多。这意味着，电力公司将遭遇严重危机，这也是其极力阻挠太阳能普及的理由。如果太阳能发电技术持续进步，化石燃料工业也将受到侵蚀。太阳能只是可能颠覆能源业的上百种先进技术之一。

当我们拥有无限能源后，我们就可以拥有无限的清洁水，因为我们可以尽可能多地将海水淡化。我们也可以通过垂直农场种植粮食，这些粮食百分之百属于有机食物，因为我们在封闭的农场建筑中不再需要杀虫剂。此外，我们可能通过3D打印技术打印出肉类，不再需要屠宰动物。这也将颠覆运输业、农业以及整个食品生产行业。

通信

即使这个行业正在被颠覆，依然难逃再被颠覆的命运。值得注意的是，AT&T、Verizon 以及 Sprint 等运营商的固话业务已经消失，正被移动手机取代。当我前往国外旅行时，我不在受限于打长途电话回国，因为我可以通过 Skype（一款网络电话）进行免费沟通。很快，因 AT&T 与谷歌公司等争相提供超速网络连接服务，Wi-Fi 将无处不在。我们将可通过开放的 Wi-Fi 网络实现免费通话。

我正在关注的每个行业，几乎都在发生着颠覆性事件。我知道，在未来 15 年到 20 年中，这个世界将完全不同。当前在各个行业处于领先位置的大公司，很可能不再存在，因为行业高管们既没有意识到即将到来的技术变革，也不愿意投资改进技术。大多数高管只盯着短期绩效。新的价值万亿美元的行业将层出不穷，将当前存在的万亿美元行业抹去。这就是我们即将面对的未来，无论好坏。

虚拟现实：下一个风口

牛禄青

《新经济导刊》研究员

有研究机构将虚拟现实（VR）列在2016年十大科技趋势之首。对虚拟现实行业的关注和投资正在助其快速成长，比如Oculus、脸谱、谷歌、索尼和Coolhear等公司有望在接下来的一年中发布更多消费级虚拟现实产品。人们将开始真正体验虚拟现实技术，探讨其无穷的魅力。

所谓虚拟现实，即利用计算机技术模拟产生三维的虚拟世界，让使用者及时、没有限制地感知虚拟空间内的事物。而虚拟现实设备就是将虚拟世界和现实世界连接的入口。还有一种是增强现实（AR），即将电子信息（包括图像、视频、软件等）叠加于现实世界中，让虚拟与现实结合互动。

早在4年前，虚拟现实技术就已经成为大众关注的焦点话题。随着各科技和产业巨头纷纷推出虚拟现实硬件和软件的最终消费者量产版本，毫无疑问，未来几年，虚拟现实行业将迎来大发展。虚拟现实是创造互动体验的一种全新媒介，在此基础上与视频游戏的交互性将能够得到巨大的提升。虚拟现实提供了一个千载难逢的机会——从根本上改变我们接收信息的方式以及娱乐互动的方式，也将作为一个全新的引爆点改变多个业界的游戏规则，可能继智能手机之后成为下一个“风口”。

“虚拟现实市场未来潜力巨大，将是不亚于移动互联网的下一个万亿级市场。虚拟现实不仅可以满足娱乐消费领域的需求，其社交属性带来的爆炸性需求将使其成为下一代科技创新的基础性技术，将给在线教育、在线医疗、培训等行业带来本质变化。虚拟现实走向广阔应用的时代已经到来。”华创证券计算机分析团队表示。

数据显示，到 2020 年头戴式虚拟现实设备销量预计将超过 3 000 万台，硬件市场的规模超过 40 亿美元。来自科技咨询公司 Digi-Capital 的数据也显示，到 2020 年狭义虚拟现实行业市场规模有望达到 300 亿美元，增强现实规模有望达到 1 200 亿美元。按其计算，虚拟现实市场整体万亿美元的市场规模或可期待。

世界首张 360 度彩色全息图问世

尽管你的眼睛会让你认为大多数的“全息”影像都是通过光学错觉形成的，而并非是真正的全息技术。比如在 2012 年出现的 Tupac 技术其实只是一个二维投影图像，它与 19 世纪出现的 Pepper 幻象技术利用玻璃镜子的舞台魔术原理差不多。

而研究人员多年来一直都在致力于真正全息影像技术的开发，日前，韩国研究人员表示，他们已经成功制作出世界上第一张 360 度彩色全息图像——一个浮动的魔方。据了解，此次制作的 3D 彩色全息图是真正的全息图，而不是将 2D（二维）图加入 3D 效果的伪全息图。这一全息图是通过强大且高速的激光制成，能够通过激光衍射快速创建 3D 全息对象，并通过元激光之间的干扰产生颜色。

虽然演示的形象非常简单，只是一个彩色的魔方，但是这个魔方可以从任何角度进行观看，甚至是360度观看。之前来自麻省理工学院的研究人员曾经开发出了类似的技术，但是图像有明显的20度弯曲，并不是一个真正意义上的多角度全息影像。

韩国这项360度全息影像是由16个不同领域的科研人员共同研发，并且获得了不少资金支持。这项研究从2013年开始，最终目标是到2021年完成10英寸的全息电视设备。

虽然目前讨论全息电视技术还为时尚早，但是现在的全息技术可以在视觉艺术领域带来一个巨大的变化，当然，对于电子通信技术还有一定的完善空间，需要更复杂的三维图像才能满足需求。而未来随着5G网络的实施，信号的发送和接收都可以通过5G网络实现。

2015年12月15日，专注于虚拟现实产品研发的新兴科技公司Pico发布了自主研发的便携式虚拟现实头盔Pico1。据介绍，这款新品配备了两组专业光学镜片，在低畸变、高通光率的同时，视场角达到96°，配合智能手机使用，可带来极强的沉浸式体验。与头盔同时发布的还有Pico虚拟现实虚拟现实App，这款软件不仅能配合其自身的硬件产品，也能兼容市面上主流的虚拟现实头盔。Pico虚拟现实中内置华数视频专区，拥有丰富的视频资源和虚拟现实游戏。

科技巨头争相布局虚拟现实

各大科技巨头对虚拟现实技术的未来十分看好。2014年3月，脸谱网以20亿美元收购虚拟现实公司Oculus VR，引发了很多开发者的浓厚兴趣。作为沉浸式虚拟现实技术的领头羊，Oculus VR公司的虚拟现实头盔Oculus Rift的开发工具套件已经获得了75 000多个订单。虽然这种虚拟现实技术除游戏以外的应用还处于初期阶段，但好几家企业已经在实验这种技术，脸谱网计划将Oculus在游戏里的现有优势延伸到新的领域，包括通信、媒体和娱乐、教育和其他领域。考虑到这些广泛的潜在应用，虚拟现实技术将是下一个社交和通信平台出现的强有力候选者。

“手机是当今的平台，我们已经准备好迎接明天的新平台。”脸谱网的创立者兼首席执行官马克·扎克伯格说，“Oculus 将有机会创造最社交的平台，改变我们工作、娱乐和交流的方式。”

“能够与马克·扎克伯格以及脸谱网小组合作开发世界上最好的虚拟现实平台，我们非常激动，”Oculus VR 的合作创立者兼首席执行官布兰登·艾里布（Brendan Iribe）说，“我们相信虚拟现实将提供一种社交体验，以魔法般的新颖方式连接人们。这是一项具有变革能力和破坏性的技术，它能够让整个世界体验各种不可能，而现在仅仅是刚开始。”

谷歌、微软、三星、索尼也都相继发布了在虚拟现实方面的技术或产品。从脸谱网的 Oculus Rift（VR）到谷歌 Cardboard（VR）以及微软 Hololens（AR），虚拟现实及增强现实产品正逐渐从科幻领域走进现实生活。除了跨国巨头之外，国内的大公司，类似 BAT、小米、苏宁等也都在关注这一新技术，并且自己有团队在内部研发。除此之外，一些小型创业企业也在积极参与其中。

不过在争先恐后的大佬阵营中，苹果却缺席了。专注虚拟现实技术研究的北京航空航天大学副教授欧攀认为：“按照苹果公司的习惯，一是它肯定会自己做，二是除非等到它完全准备好了，否则是不会对外泄露任何声音的。谷歌和脸谱网某种意义上都是广告公司，广告是贩卖人们注意力的一个生意。所以他们会在前端垄断人们搜索和社交的注意力，然后通过广告将这些注意力变现。同时，需要注意的是，这些厂商现在发布的基本都是工程机或者测试机，或者针对企业版本的设备。”或许，这也是苹果并不急于在虚拟现实技术领域浮出水面的一个重要原因。

而在政策方面，我国将突破高端存储设备、智能传感、虚拟现实、新型显示等新技术，强化基础软硬件协调发展。

花旗认为，虚拟现实技术可能成为继智能手机之后的下一个“风口”。花旗称，虚拟现实及增强现实技术，其作用意义可与互联网的诞生匹敌，将产生取代智能手机的巨大市场，终端设备以及周边产业市场空间高达 6 740 亿美元。

花旗预计，虚拟现实 / 增强现实技术的发展将会带来两个不同的市场：一个是与身体互动的硬件设备市场，另一个则是内容和服务市场。另有机构分析，虚拟现实有望颠覆众多行业，例如游戏、影视、社交、电商、体育、教育、地产等行业，未来的应用前景非常广泛。

目前虚拟现实商业模式逐渐成形，赢利规模逐渐释放。虚拟现实产业启动路线清晰，国内外存在文化差异，商业模式并不相同；国外最先启动的市场是主机游戏市场，以国外主机游戏机为基础，叠加头盔为游戏玩家提供更重度的游戏体验，降低用户购买门槛提升市场推广速度；国内发力线下体验市场，充分发挥国内商区人流大、用户集中度高的特点，2016 年有望开拓百亿市场。

华创证券表示，2016 年第一季度或有虚拟现实杀手级产品推出。脸谱网收购的 Oculus 预计将于 2016 年推出第一代面向大众的商用虚拟现实头戴式眼镜；索尼在 3D 头盔行业是领先者，也预计将于 2016 年上半年推出与 PS4（一款游戏机）搭配使用的 PlayStation VR（一款虚拟现实游戏机）。虚拟现实杀手级产品的诞生将会彻底引爆虚拟现实市场。

优质内容匮乏是软肋

“用户买你的硬件，不是只买硬件本身，主要还是为了内容。如果没有优质内容，就没有办法吸引消费者。”虚拟现实业内资深人士何伟照表示。当虚拟现实走向消费者市场时，优质的内容尤其不可缺少。

“虚拟现实是一场信息革命，是用更好的形式去讲故事。”这是赵山山对于虚拟现实的理解，而现在虚拟现实产业缺的就是内容。目前国内专业做虚拟现实内容的公司少之又少，跟硬件领域的热火朝天形成鲜明对比。

硬件设备商们对此也都明白，未来的虚拟现实市场是内容的竞争，因而他们在内容上也早早布局。深圳资深虚拟现实企业 3Glasses 品牌战略部秦凯表示，3Glasses 将和米粒影业合作，开发虚拟现实版《龙之谷》游戏，同时也在和一些专门做虚拟现实游戏的团队合作，研发的游戏将会独家发在新产品的平台上。此外，3Glasses 也在和一些影片制作发行方合作，将在 2016 年推出电影的虚拟现实宣传片。

以游戏为例。目前制作虚拟现实游戏成本较高是因为开发者对做原生的虚拟现实内容以及基于虚拟现实的交互设计经验欠缺。“如果拿原有的 3D 游戏来转制虚拟现实游戏的话，里面的交互系统甚至是游戏的玩法、角色的视角转换等都要做很大改变，而且要从最底层去改，成本会很高。”

一位游戏开发商人士举了一个例子，开发一款原生态的虚拟现实游戏，一个 30 人团队需要花费 6 个月时间，所需资金大约 100 万元左右，而同样开发一款手游所需的时间和资金大约只需一半。由于开发成本高，市场前景不明朗，腾讯、网易、360 这样的大企业目前仍持观望态度，国内从事研发的主要是一些中小型的创业公司。

“虚拟现实概念火起来太快了，留给硬件厂商和内容团队的时间很少。”TVR 时光机联合创始人方相原语气有点无奈。“不管是国内还是国外，目前都没有一款真正优秀的虚拟现实游戏，因为设备还没火，谁也不知道游戏能不能跟着火。”2015 年 11 月 23 日，方相原和他的时光机团队研发的虚拟现实游戏《Finding》登陆了 Gear VR（三星的一款虚拟现实眼镜）的平台，据了解，Gear VR 上来自中国虚拟现实团队的游戏只有两款。

消费版虚拟现实产品不会一蹴而就

客户接受虚拟现实技术以及相应的应用随时间变化的情况将很可能类似于“钟形曲线”。正如许多其他高新技术一样，在早期只有很小一部分的极客会勇于尝鲜，而在逐渐发展为主流应用之前将需要相当一段时间的市场积淀。真正的问题是虚拟现实市场的普及速度能否跟上技术前进的步伐。

业内人士表示，消费版虚拟现实能否打开市场局面的决定性因素有两方面，一是硬件本身的成熟度与成本降低，二是需要整个生态链的成熟。目前来看这两点条件在国内还没有完全具备。

真正差距大的是在生态方面，现在国外的几个品牌：苹果和谷歌有完整的生态链（有硬件、有软件、有用户），索尼有硬件平台和游戏内容，也有用户，生态也很完整。HTC 公司在和 Steam 平台合作，前者做硬件，后者提供游戏软件，生态互补。反观国内，除了腾讯以外，拥有比较完整产业链的企业很少，而且也有点各自为政。靠一家创业公司打造出一个生态链，基本是不可能的，合作是趋势。

“国内的虚拟现实还在学习阶段，技术储备和能力都比较薄弱，商业模式也在探索之中。”秦凯表示。即便如此，虚拟现实依然是投资人的宠儿，“虚拟现实可以说处在爆发的前期，但具体 2016 年能不能完全起来还不明朗，还要看产业的发展能不能支撑起市场的爆发”。

目前资本对虚拟现实的青睐主要是在硬件领域而非内容制作。据了解，毅达资本在虚拟现实领域的几千万元投资大部分投向硬件设备商。业内人士表示，由于内容制作周期长，资本对内容团队抱着一种敬而远之的心态。但如果要研发出优质虚拟现实内容吸引消费者，没有资本的支持是天方夜谭。

从甲骨文时代到互联网时代，从二维媒体到三维动画再到沉浸式体验，人对环境的感受随着工具的变化而变化。“虚拟现实是一种终极的媒体，未来消费版虚拟现实眼镜最理想的状态是像普通眼镜一样大小，现在还是大哥大的状态。”这是方相原对消费版虚拟现实眼镜的终极期待。

面对虚拟现实市场的繁华和浮躁，浸淫虚拟现实领域研发生产近10年的深圳市掌网科技股份有限公司董事长同样保持理性，指出尽管虚拟现实行业的发展空间巨大，有望在未来成为比PC、智能手机应用更广泛的新屏幕，但无论在国内还是国外，目前都处于初始阶段，尚未建立起从内容到软硬件的良好生态系统。消费级的虚拟现实产品并未到最佳的登场时机，而且国内虚拟现实市场乱象丛生，消费者的权益难以得到充分保障。

产业篇

布局新经济

构建产业新体系

马凯
国务院副总理

产业是强国之基、兴国之本。一个国家的强盛与健全的产业体系密切相关。我国是大国经济，具备构建完整产业体系的市场空间和条件。“十三五”时期是世界产业技术和分工格局的深刻调整期，是我国推动经济提质增效升级的关键期，产业转型发展面临新的机遇和挑战。习近平总书记强调，产业结构优化升级是提高我国经济综合竞争力的关键举措，要加快构建现代产业发展新体系。党的十八届五中全会通过的《中共中央关于制定国民经济和社会发展第十三个五年规划的建议》（以下简称《建议》），审时度势、高瞻远瞩，站在增强综合国力、提升国际竞争力、增进人民福祉的战略高度，对构建产业新体系做出全面部署，明确了发展方向、重点任务和重大举措，必将对推动产业结构升级和发展方式转变、保持经济持续健康发展、确保如期全面建成小康社会产生重要而深远的影响。

深刻认识构建产业新体系的重大意义

改革开放以来，我国产业发展取得了举世瞩目的巨大成就，综合实力不断增强，总规模大幅提升，制造业增加值跃居世界第一位，高技术产业和战略性新兴产业比重持续上升，有力地支撑了经济实力和人民生活水平的大幅提高。但产业发展总体质量和效益还不够高，核心竞争力还不够强，与世界先进水平和国内发展需要相比还有差距。李克强总理指出，“十三五”时期，要促进经济保持中高速增长、产业迈向中高端水平，实现提质增效升级。面对国际经济格局深刻调整、国内经济发展进入新常态的新形势，着眼于实现“两个一百年”奋斗目标，加快构建产业新体系意义十分重大。

构建产业新体系是保持经济中高速增长、实现产业迈向中高端水平的迫切需要

在新常态下，牢牢把握经济发展主动权，必须实现经济保持中高速增长和产业迈向中高端水平的“双目标”。随着要素比较优势和资源环境约束发生重大趋势性变化，支撑经济高速增长的传统产业发展动力开始减弱，新的竞争优势还在形成之中，经济发展进入新旧动能转换期。顶住经济下行压力，实现换挡不失速、量增质更优，迫切需要通过构建产业新体系推动发展方式转变，为实现“双目标”、保障中国经济行稳致远提供坚实基础。

构建产业新体系是主动应对新一轮国际产业竞争的战略选择

世界产业技术和分工格局正处在调整变革中。一方面，新一轮科技革命孕育新突破，信息技术与各领域技术深度融合，正在引发影响深远的产业变革，为我国产业转型升级、创新发展带来了难得的历史机遇。另一方面，国际产业分工格局正在重塑，发达国家推动“再工业化”和“制造业回归”，其他发展中国家竞相加快推进工业化进程，我国产业发展面临高端回流和中低端分流的“双向挤

压”。同时，美、欧等发达经济体力推跨太平洋战略经济伙伴关系协议（TPP）、跨大西洋贸易与投资伙伴关系协定（TTIP）等高标准自由贸易协定谈判，会进一步挤压我国的产业竞争优势。面对国际产业竞争格局的深刻调整，我国产业迫切需要通过构建产业新体系塑造竞争新优势，更深更广地融入全球产业价值链体系，提升在全球产业价值链中的地位和国际竞争力。

构建产业新体系是实现中华民族伟大复兴的重大举措

“两个一百年”奋斗目标和中华民族伟大复兴中国梦，是全国人民共同的向往和追求。世界发展的历史一再证明，没有坚实的产业支撑，就没有国家和民族的强盛。我们要实现中华民族伟大复兴的宏伟目标，也必须有强大的实体经济和产业基础作为支撑。“十三五”时期是全面建成小康社会的决胜阶段。我们提出构建产业新体系，就是要更好发挥我国产业发展的综合优势，充分释放工业化、信息化、城镇化、农业现代化同步发展蕴含的广阔空间，为确保如期实现第一个百年奋斗目标提供强劲动力，为实现中华民族伟大复兴的中国梦奠定坚实基础。

准确把握构建产业新体系的方向和原则

全球新一轮科技革命和产业变革与我国加快转变经济发展方式形成历史性交汇，是我国构建产业新体系的重要时代背景。我们要按照《建议》要求，顺应国内外发展大势，加快产业转型升级，积极拓展发展空间，努力推动我国产业体系向创新能力强、质量效益好、结构布局合理、可持续发展能力和国际竞争力明显增强的方向发展。“十三五”时期构建产业新体系要把握好以下原则。

坚持创新驱动

创新是产业发展的主引擎，综合国力的竞争归根结底是创新的竞争。我国产业创新能力还不强，关键核心技术对外依存度偏高，以企业为主体的技术创新体系不完善，已经成为产业转型升级的重要制约因素。必须深入实施创新驱动发展战略，把创新摆在产业发展的核心位置，把增强技术实力作为构建产业新体系的战略支点，加快完善以企业为主体、市场为导向、产学研相结合的技术创新体系，营造有利于激励创新的制度环境，推动包括科技创新、模式创新、企业创新、市场创新、产品创新、业态创新、管理创新等在内的全面创新，走创新驱动的产业发展道路。

坚持绿色低碳

绿色低碳发展是实现可持续发展、赢得未来的关键举措。近年来，绿色低碳已经成为世界经济发展的重要潮流。无论是从顺应国际大势看，还是从破解能源资源和生态环境约束、适应人民群众对绿水青山的期盼看，绿色低碳都是必然选择。我国产业发展尚未从根本上摆脱高投入、高消耗、高排放的粗放模式，工业生产能效、水效与发达国家仍有很大差距。这就要求我们把绿色发展、循环发展、低碳发展作为基本途径，加快推动生产方式绿色化，加快发展绿色产业，构建科技含量高、资源消耗低、环境污染少的产业结构和生产方式，走生态文明的产业发展道路。

坚持两化融合

信息化和工业化深度融合是打造产业竞争新优势、抢占未来发展先机的有效途径。新一代信息技术向各领域的渗透融合，不仅使智能制造成为新型生产方式，也催生了许多新业态和新的商业模式，产业之间的界限日渐模糊，生产者和消费者之间联系更加紧密，融合发展成为产业发展的重要趋势。我国信息化水平还不高，信息化和工业化融合还有巨大潜力。必须继续做好信息化和工业化深度融合这篇大文章，把智能制造作为两化深度融合的主攻方向，促进信息技术向市场、设计、生产等环节渗透，引导制造业朝着分工细化、协作紧密方向发展，推动生产性服务业与制造业在更高水平上融合发展，走两化融合的产业发展道路。

坚持结构优化

调结构、促升级始终是产业发展的中心任务。虽然我国已初步形成了完整的产业体系，但产业结构和空间布局不合理、产能过剩严重、区域发展同质化等问题仍未得到根本解决，是导致我国经济发展资源环境代价过大、质量效益不高的重要原因。随着我国进入新的发展阶段，新的消费需求、新的装备需求、新的服务需求、新的安全保障需求，又对产业结构升级提出了新的更高要求。我们必须大力推进结构调整，加快发展现代服务业，培育壮大战略性新兴产业，推动传统产业向中高端跃升，持续优化产业组织结构和空间布局，走提质增效的产业发展新路。

坚持开放合作

在经济全球化时代，产业要发展壮大，开放合作是必由之路。随着我国依靠低成本要素优势参与国际分工所获得的全球化红利日趋弱化，推动产业、市场、资本和能源资源开放合作，实现高水平引进来和走出去统筹发展，已经成为拓展产业发展新空间、推动产业向价值链高端跃升的必然选择。这就要求我们实施更加积极的开放战略，用全球视野配置产业链和空间分布，不断拓展新的开放领域和空间，提升企业跨国经营能力和国际竞争力，加强产业全球布局和国际交流合作，在优进优出中实现产业层次和竞争力的提升，走开放合作的产业发展道路。

坚持人才为本

人才是构建产业新体系的骨干力量，产业强国一定是人才强国。美国之所以成为最富创造力的制造强国，与其培养并广泛吸纳了大批科技创新型人才和专业技术人才直接相关。具有工匠品质的“德国制造”，也与其培养的众多高素质技能型人才密不可分。与产业发展需求相比，我国不仅缺乏能够适应创新发展的领军人才和高层次技术人才，还缺少优秀的高水平经营管理人才和高素质专业技能人才。必须把人才作为构建产业新体系的根本保障，建立健全科学合理的选人、用人、育人机制，加快培养和吸引产业发展急需的专业技术人才、经营管理人才、技能人才，建设一支素质优良、结构合理的产业人才队伍，推动“人口红利”向“人才红利”转变，走人才引领的产业发展道路。

全面落实构建产业新体系的任务和举措

构建产业新体系是一项关乎发展全局的重大战略任务。摆脱以往的路径依赖、实现结构优化和动力转换，要求我们在准确把握发展方向和原则的基础上，抓住重点领域、关键环节和核心问题，找准着力点和突破口，采取切实有力的措施，贯彻落实好《建议》提出的各项部署。

构建新型制造体系

制造业是国民经济的支柱和基础。《建议》明确提出，坚持建设制造强国，实施《中国制造 2025》。落实好这一要求，我们必须加快推动制造业智能化、绿色化、服务化。着眼于抢占国际竞争制高点，实施智能制造工程，着力发展智能装备和智能产品，推动生产方式向柔性、智能、精细转变，全面提升企业研发、生产、管理和服务的智能化水平。以绿色化为方向，加强节能环保技术、工艺、装备推广应用，全面推行清洁生产，发展循环经济，提高资源利用效率，强化产品全生命周期绿色管理，构建绿色制造体系。适应制造业和生产性服务业融合发展的趋势，引导制造企业延伸服务链条、增加服务环节，推动制造业由生产型向生产服务型转变。构建新型制造体系，必须打牢基础。要深入实施工业强基工程，攻克一批关键共性技术和先进基础工艺，提高核心基础零部件的产品性能和关键基础材料的制造水平，有效破解制约产业发展的瓶颈。

加快发展现代服务业

服务业的繁荣发展是现代化的重要标志。加快发展服务业特别是现代服务业，对于支撑产业升级、有效扩大就业、更好满足消费需求、减轻资源环境压力具有重要战略意义。近年来，我国服务业发展迅速，2014 年服务业增加值占国内生产总值比重达到 48.2%，超过第二产业 5.6 个百分点。但与发达国家 70%~80% 的水平相比仍有较大差距。在比重偏低的同时，服务业质量和水平不高，结构也不尽合理。为此，《建议》提出，要开展加快发展现代服务业行动，推动生产性服务业向专业化和价值链高端延伸、生活性服务业向精细和高品质转变。实现这一目标，要深入推进服务业对内对外的开放，尽快改变部分领域市场准入门槛过高的状况，放宽市场准入。尽快消除不利于医疗、教育、养老、设计、物流等领域优质发展的制度性障碍，推动各类市场主体参与服务供给。有序扩大服务业对外开放，开展银行、保险、证券、养老等设立外商独资机构试验。

培育壮大战略性新兴产业

战略性新兴产业对经济社会发展全局和长远发展具有重大引领带动作用。培育壮大战略性新兴产业，既是调整优化产业结构的战略举措，也是培育新的经济增长点、塑造产业竞争新优势的必然选择。空天海洋、信息网络、生命科学、核技术等领域是关系人类未来发展、拓展发展空间的核心领域，要坚持前瞻布局，在这些领域培育一批战略性产业。节能环保、新一代信息技术、生物、高端装备制造、新能源、新材料、新能源汽车等产业代表着技术突破和市场需求的重点发展方向，要统筹科技研发、产业化、标准制定和应用示范，营造良好的制度环境，完善基础设施和配套能力，促进这些产业发展壮大，培育若干具有全球影响力的领军企业，全面提升战略性新兴产业对产业升级的支撑引领作用。

支持传统产业优化升级

受要素成本上升、资源环境约束和市场空间收窄等限制，一些传统产业的发展遇到较大困难，继续沿着原有路径发展已难以为继。但这并不意味着传统产业就不再重要。传统产业是新兴产业产生和发展的基础，注入新技术、新管理、新模式，将焕发巨大生机和活力。要把改造提升传统产业与发展新兴产业更好结合起来，重点围绕两化融合、节能降耗、质量提升、安全生产等领域，推广应用新技术、新工艺、新装备、新材料，更好满足消费者的高品质需求，提高企业生产技术水平和效益。支持企业间战略合作和跨行业、跨区域兼并重组，提高规模化、集约化经营水平，培育一批核心竞争力强的企业集团。同时，产能过剩是传统产业发展中面临的突出问题。要统筹考虑经济发展、结构升级、社会稳定等多重因素，更加注重运用市场机制和经济手段化解过剩产能，完善企业退出机制。

健全有利于构建产业新体系的政策体系

构建产业新体系，要充分发挥市场的主导作用和企业的主体作用，也要更好发挥政府作用。要把政府发挥作用的着力点放在深化体制改革、完善政策支持、创造良好环境上来。一方面，要在简政放权上下功夫，深化市场准入制度改革，实施负面清单管理模式，推动政府管理由注重事前审批向事中事后监管转变。另一方面，要在促进公平竞争上下功夫，健全知识产权创造、运用、管理、保护机制，严厉惩处市场垄断和不正当竞争行为，依法打击侵权行为，强化产业政策的竞争激励功能。对处于起步阶段的新兴产业，要注重整合资源，更好发挥国家产业投资引导基金作用，发挥产业政策导向和促进竞争功能。同时，要从质量监测、标准体系、信息管理、监管体系等方面综合施策，促进企业提高产品质量；综合考虑资源能源、环境容量、市场空间等因素，调整优化重大生产力布局，促进产业集聚集群发展；健全财税、金融、政府采购等政策，营造有利于产业升级和创新发展的政策环境。

提高产业发展国际化水平

产业要发展壮大，更高水平的开放是必由之路。只有更好运用国际国内两个市场和两种资源，才能更多地为产业发展注入新动力、增添新活力、拓展新空间。要完善对外开放区域布局，发展外向型产业集群，培育有全球影响力的先进制造基地和经济区。完善对外市场布局，提升传统优势产品竞争力，壮大装备制造等新的出口主导产业，巩固出口市场份额，支持发展服务贸易，推动外贸向优质优价、优进优出转变。要在进一步提高引资引技引智水平的同时，加快走出去步伐，推动中国装备走出去和国际产能合作，在国际市场竞争中倒逼国内企业提升设计、制造、技术、质量、标准和运营服务水平，更好融入全球产业分工体系，增强整体素质和核心竞争力。

世界制造业发展趋势和我国装备制造业状况

苗圩
工业和信息化部部长

18世纪中叶开启工业文明以来，世界强国的兴衰史和中华民族的奋斗史一再证明，没有强大的制造业，就没有国家和民族的强盛。制造业是国民经济的主体，是立国之本、兴国之器、强国之基。中国制造由大变强这条路虽然艰难，但我们必须要坚持走下去，相信依靠我们的制度优势、中国人的聪明和勤奋、全社会的关注和支持，我们有信心一定能够实现既定目标。

新一轮工业革命正在发生

人类的工业生产经历了四个阶段：第一阶段是工业1.0，即机械制造时代，主要特征是机械化生产；第二阶段是工业2.0，即电气化与自动化时代，主要特征是大规模批量生产流水线；第三阶段是工业3.0，即电子信息时代，主要特征是高度自动化、柔性化生产；第四阶段是智能制造时代，也称为工业4.0，即国际金融危机后，全球范围内新一轮科技革命与产业变革蓄势待发，其中，新一代信息通信技术与制造业融合发展，是新一轮科技革命和产业变革的主线，对制造业生产方式、发展模式和产业生态等方面都带来革命性影响，制造业重新成为全球经济竞争制高点。

从生产方式看，智能制造将成为制造业变革的重要方向，不管是美国先进制造伙伴计划、德国工业 4.0，还是新工业法国计划等发达国家制造业发展战略都将智能制造作为发展和变革的重要方向。智能制造包括智能化的产品、装备、生产、管理和服务，主要载体是智能工厂和智能车间。CPS（信息物理系统）是实现智能制造的重要手段，这一系统通过集成计算、通信与控制于一体，实现大型物理系统与信息交互系统的实时感知和动态控制，使得人、机、物真正融合在一起。利用这一系统可以实现传统制造业无法实现的目标，最典型的就是批量化定制生产，主要是在每一个制造环节嵌入多个生产模块，从产品下单开始，每一道工序都通过数字化管理和生产模块的无缝切换同每一件产品的生产要求进行匹配，在生产过程不间断的情况下实现了批量化定制。过去的福特汽车采用流水线批量生产，不仅车型一样，连颜色都只有黑色一种。而现在德国大众打造的 MQB 平台（横置发动机模块化平台）在汽车生产的主要工序上，可以支持超过 60 种车型批量化定制生产。

从发展模式看，绿色发展、生产性服务业发展日渐成为制造业转型发展新趋势。绿色发展主要体现在两个方面：一方面，太阳能光伏、页岩气等新能源技术不断进步，清洁能源应用日渐成熟，制造业进一步向低能耗、低污染方向发展；另一方面，欧美的“绿色供应链”、“低碳革命”、日本的“零排放”等新的产品设计和生产理念不断兴起，节能环保产业、再制造产业等产业链不断完善，“增材制造”日益普及，进一步丰富了制造业绿色发展的内涵和方式。“增材制造”技术又称“3D 打印”技术，是以数字模型为基础，将材料逐层堆积制造出实体物品的新兴制造技术。最早人类采用的是“等材制造”，如青铜器的铸造，不需要经过复杂加工。随着电的发明，人类开始采用“去除一切削”加工技术进行“减材制造”。而现在的“增材制造”从原来的做“减法”改成做“加法”，所用的材料都是耐高温、高强度，毫无疑问节约了资源、提高了效率，是一种新的绿色发展技术和理念。“卖产品不如卖服务”已经成为许多企业家的共识，推动企业生产从以传统的产品制造为核心向提供具有丰富内涵的产品和服务转变。例如，IBM 公司已成功转型为全球最大的硬件、网络和软件服务整体解决方案供应商；GE（通用电气）的“技术 + 管理 + 服务”所创造的产值已经占到公司总产值的 2/3 以上。

制造业的创新呈现新的发展趋势，即随着信息技术尤其是互联网技术的持续发展和应用，跨领域、协同化、网络化的创新平台正在重组传统的制造业创新体系。传统的创新活动中，新技术新产品的推出很大程度上依赖于单个企业的技术研发和产业化等活动，如第一部商用手机的研究开发和生产基本上由摩托罗拉公司独家完成。随着产业分工日益细化，产品复杂程度不断提升，单个企业难以也无法覆盖全部创新活动，需要与不同创新主体联合，实现创新资源的优化配置，如网络化的众包、众创、众筹、线上到线下（O2O）等新型创新方式密集涌现都体现了时代的要求。这方面不乏成功的例子，如小米公司利用互联网作为创新交流平台，建立与客户互动的开放式产品开发模式，全面运营第一年，收入就达到 10 亿美元。

“互联网 +”是一个很好的手段，如果运用得好，可以促进实体经济的发展，正是借助互联网的力量，内部组织扁平化和资源配置全球化日益成为制造企业培育竞争优势的新途径。一方面，从企业内部管理来看，很多企业运用互联网开放、协作与分享的特点，减少了企业管理的内部层级结构，在产业分工中更加注重专业化与精细化，企业的生产组织更富有柔性和创造性。例如，海尔将 8 万多员工变成 2000 多个自主经营的“小海尔”，最小的自主经营体仅有 7 人，形成了以销定产的敏捷供应链。从企业外部资源配置来看，制造业全球化步伐加快，生产、流通以及全球贸易方式都发生了巨大变化，企业通过网络将价值链与生产过程分解到不同国家和地区，技术研发、生产以及销售的多地区协作日趋加强。如宝马集团在全球建设了35个大型采购仓储中心，并由1 900家供应商为其提供零部件和相关服务，从而形成了相互协作、相互依存的利益共同体。

中国制造面临“双向挤压”

正是因为制造业出现上述新的发展趋势，世界主要经济体纷纷将制造业作为经济振兴的重中之重，发达国家纷纷制定“再工业化”战略，推动中高端制造业回流，并进一步加强全球产业布局调整，力图保持全球制造业领先地位。同时，发展中国家利用低成本竞争优势，积极吸引劳动密集型产业和低附加值环节转移，一些跨国企业直接到新兴国家投资设厂，有的则考虑将中国工厂迁至其他新兴国家，全球制造业格局将发生显著变化。发达国家高端制造回流与新兴经济体争夺中低端制造转移同时发生，对我国形成“双向挤压”。面对技术和产业变革及全球制造业竞争格局的重大调整，我国既面临重大机遇也面临重大挑战。

目前，全球制造业已基本形成四级梯队发展格局。第一梯队是以美国为主导的全球科技创新中心。第二梯队是高端制造领域，包括欧盟、日本。第三梯队是中低端制造领域，主要是一些新兴国家。第四梯队主要是资源输出国，包括OPEC（石油输出国组织）、非洲、拉美等国。毫无疑问，世界各国都在争相介入新一轮国际分工争夺战，随着比较优势逐步转化，全球制造业版图将被重塑。作为全球科技创新中心，美国在制造业基础及最前沿科技创新方面仍将处于领先地位。第二梯队中，德国、日本等国家地位将进一步巩固，一些后发国家有望通过技术、资本和人才积累，通过产业升级进入这一梯队。第三梯队中，大量的新兴经济体通过要素成本优势，积极参与国际分工，也将逐步纳入全球制造业体系。

中国现在处于第三梯队，目前这种格局在短时间内难有根本性改变，面对技术和产业变革及全球制造业竞争格局的重大调整，我国既面临重大机遇也面临重大挑战。当然机遇大于挑战，经过若干阶段的努力，提升位次完全有可能，希望到新中国成立 100 年时，把我国建设成为引领世界制造业发展的制造强国，为实现中华民族伟大复兴的中国梦打下坚实基础。

我国已成为制造业大国，但还不是制造业强国，与先进国家相比，仍有较大差距。以装备制造业为例，主要的不足表现为四个方面。一是自主创新能力薄弱。大多数装备研发设计水平较低，试验检测手段不足，关键共性技术缺失。企业技术创新仍处于跟随模仿阶段，底层技术的“黑匣子”尚未突破，一些关键产品也很难通过逆向工程实现自主设计、研发和创新。

二是基础配套能力不足。关键材料、核心零部件严重依赖进口，先进工艺、产业技术基础等基础能力依然薄弱，严重制约了整机和系统的集成能力。如我国拥有自主知识产权的“华龙一号”核电机组，虽然大部分设备实现了国产化，但是 15% 的关键零部件还依靠进口。

三是部分领域产品质量可靠性有待提升。基础能力跟不上，制约了产品的质量和可靠性，突出体现在产品质量安全性、质量稳定性和质量一致性等方面。部分产品和技术标准不完善、实用性差，跟不上新产品研发速度。另外，品牌建设滞后，缺少一批能与国外知名品牌相抗衡、具有一定国际影响力的自主品牌。据不完全统计，世界装备制造业中 90% 的知名商标所有权掌握在发达国家手中。

四是产业结构不合理。低端产能过剩、高端产能不足，产业同质化竞争问题仍很突出。而真正体现综合国力和国际竞争力的高精尖产品和重大技术装备生产不足，远不能满足国民经济发展的需要。

跻身一流方阵尚需时日

在中国经济下行压力不断加大的今天，许多人为服务业超越制造业成为国民经济第二大产业而欢呼，甚至认为中国可以逾越工业化发展阶段，直接进入以服务业为主导的经济结构。不管是从历史经验还是现实情况来看，这都是脱离实际的一种观点。从世界工业化 300 年进程看，工业化是现代化的核心内容，也是实现现代化不可逾越的历史阶段；制造业是技术创新的最主要承担者，是国家竞争力不断提升的根本保障，美、德、日、英、法等经济强国都是从制造大国和强国发展起来的。从新中国建设和改革开放实践看，制造业在我国国民经济中的主导作用和支柱地位长期不会改变。没有高度发达的制造业，服务业发展就缺乏强有力的支撑；没有坚实的实体经济，服务业发展将成为无本之木，对于一个大国而言，就很难实现现代化，就很难在全球竞争格局中脱颖而出。制造业的兴衰印证着世界强国的兴衰，装备制造业的崛起已经成为国家间博弈最重要的砝码。我国已经进入全面建成小康社会的决胜阶段，装备制造业已经成为实现中华民族伟大复兴这一中国梦的顶梁柱，也已经到了爬坡过坎、由大变强的重要关口。

党中央、国务院对于加快推动新型工业化，把制造业搞上去，把实体经济抓上去有着坚强决心，2015 年 5 月国务院制定印发了《中国制造 2025》，这是我国实施制造强国战略第一个 10 年的行动纲领。建设制造强国的任务艰巨而紧迫，并不能一蹴而就，需要至少 30 年的不懈努力：第一步，力争用 10 年时间，迈入制造强国行列；第二步，到 2035 年，我国制造业整体达到世界制造强国阵营中等水平；第三步，新中国成立 100 年时，制造业大国地位更加巩固，综合实力进入世界制造强国前列。

面对中国制造存在的“短板”，《中国制造 2025》给出了解决方案，即进一步巩固现有的发展优势，坚持创新驱动、智能转型、强化基础，在关键产业取得突破，通过做优做强中国装备，不断提高制造业国际竞争力。

在科技成果与产业化发展之间存在一个断层，也被称为“死亡之谷”，为了破解这一难题，发达国家纷纷加快建设制造业创新中心，即通过建设创新平台和“中试”系统，实现实验室技术向产品技术转移。按照计划，我国到 2020 年将建立 15 个左右国家制造业创新中心。

发展自主安全可控的装备是实现智能制造的关键。近年来，我国通过实施智能制造装备发展专项，促进了智能制造技术、智能测控装置、智能成套装备、数字化车间等的发展，有的技术填补了国内空白，打破了西方国家的技术垄断。下一步，要组织论证智能制造工程，研究确定工程目标和路线图，从智能制造装备和产品的安全可控、智能工厂 / 数字化车间建设等方面提出未来 5~10 年发展重点、目标和实施路径。

要解决重点产业发展的“卡脖子”问题，从 2014 年开始，我们就围绕重点装备和重大工程需求，组织实施了工业强基工程，支持了航空航天关键基础材料、输电设备基础零部件等。除了做到基础能力强，还要集成上水平。打基础是为了避免建成空中楼阁，但并不妨碍在局部领域实现突破。

下一步，我们要突出高端引领，加强分类指导，实现重点突破。实施高端装备创新工程，组织实施大型飞机、航空发动机和燃气轮机、高档数控机床等一批创新和产业化专项、重大工程。开发一批标志性、带动性强的重点产品和重大装备，提升自主设计和系统集成能力，突破关键共性技术与工程化、产业化瓶颈，提高装备制造业创新发展能力和国际竞争力。

为了做好上述工作，我们要不断营造支持实体经济发展的环境，着力缓解制造业融资困难，健全多层次的人才培养体系，加快宽带网络基础设施建设。如何将规划变计划，计划变行动，行动变效果，需要选择有限领域设定有限目标，积小胜为大胜，一步步扎实往前走，更多依靠中国装备、依托中国品牌，实现中国制造向中国创造的转变，中国速度向中国质量的转变，中国产品向中国品牌的转变，完成中国制造由大变强的战略任务。

“十三五”绿色制造工程的总体思路和五大任务

冯飞
工业和信息化部副部长

2015 年 5 月国务院发布了《中国制造 2025》，将绿色发展作为重要的指导方针，工信部将会同有关方面全面推行绿色制造，加快构建高效、低碳、循环的绿色制造体系，促进工业和全社会绿色发展。

推进绿色工业发展是建设生态文明的必然要求

2015 年 4 月，党中央、国务院出台了《关于加快推进生态文明建设的意见》。党的十八届五中全会提出了创新、协调、绿色、开放、共享的发展理念。绿色发展在工业生态文明建设和贯彻五中全会精神中扮演着非常重要的角色。我主要讲三个方面。

第一个方面，我们关注两条倒 U 形曲线。一条是单位 GDP 能耗的倒 U 形曲线。随着经济的增长，单位 GDP 能耗会出现一个阶段性增长趋势，随后逐渐降低。从发达国家历史经验来看，美国单位GDP能耗峰值出现的时间大致是1920年前后，日本大致是在20世纪70年代中期，特别是第一次石油危机爆发以后，日本的单位GDP能耗呈现出下降态势。中国的单位GDP能耗峰值在“十一五”时期出现，随后持续下降。另一条是环境污染的倒U形曲线，理论上称为环境库茨涅兹曲线。随着人均收入的增加，环境污染由低趋高，随着人均收入的进一步增加，环境污染达到峰值，随后逐渐降低。

第二个方面，为什么会出现倒U形？这与国家的产业结构息息相关，特别是工业对这两条倒U形曲线影响非常大。我国工业能耗约占全社会总能耗的70%，污染物排放占比也相当之大。美国在工业化进程最快的时期达到单位GDP能耗峰值，日本也是在重化工业加速发展的时期达到峰值。大国经济体在工业化进程中存在一个重化工业加速发展的中期阶段，在此阶段，能耗和污染物排放显著增加。

我国在“十五”后半期、整个“十一五”时期和“十二五”前半期这10年间，拉动经济增长的重化工业加速发展。但是，目前这些行业出现严重的产能过剩问题，部分行业增速明显放缓，甚至有些行业停止增长。这个标志性的时间节点有可能代表我国重化工业加速发展为特征的工业化中期阶段已经过去，我国有可能刚刚经历单位GDP能耗和污染物排放峰值时期。从需求侧来看，我国很多领域也出现了消费峰值，或者叫消费峰值的平台期，譬如钢铁消费。虽然两条倒U形曲线的峰值已过，但能源消耗和污染物排放的总量很大，节能减排的任务仍很艰巨。

第三个方面，“十二五”时期我国单位GDP能耗和污染物减排目标即将顺利完成。从能耗和环保的角度来看，这两个目标的顺利完成主要是通过三个途径：一是结构节能和减排，通过产业结构的调整来实现节能减排目标；二是技术节能和减排，采用更多的新技术，通过技术进步促进节能减排；三是依靠制度和管理来实现节能减排。

“十二五”特别是“十二五”后半期，结构节能的贡献非常之大，尤其是重化工业比例的下降。“十三五”时期，我国结构节能的趋势将进一步延续，但下一步我国将更多依赖于技术节能，充分挖掘技术节能的潜力，促进我国经济特别是工业从粗放型发展转向精细化发展。

全面推进绿色制造是建设制造强国的要求

第一个方面，金融危机以后很多国家都把实体经济和制造业作为发展重点。比如，雷曼兄弟公司破产引发金融危机后，2009 年底美国就发布了复兴美国制造业政策框架，随后又出台了一系列促进先进制造业发展的政策文件，试图以此走出金融危机的阴霾。德国出台了大家十分熟悉和关注的“工业 4.0”，法国推出了“新工业法国”计划，英国出台了“工业 2050 战略”的长远计划，韩国提出了“新动力产业”，日本制定了新增长战略。世界主要经济体都将目光聚焦实体经济，并在实体经济发展中特别强调绿色发展、低碳发展。在发展实体经济、聚焦制造业的过程中，一个重要的主题就是创新、绿色。比如，欧盟提出绿色工业发展计划，投资超过 1 000 亿欧元支持发展绿色工业，美国也积极利用技术谋划新的发展模式。

第二个方面，新一轮科技革命和产业变革。信息网络技术和制造业的融合成为新一轮科技革命和产业变革最重要的特征。我与德国“工业 4.0”的主笔人之一进行的一次经验交流中，他阐述了“工业 4.0”的三个目的：一是高效性，包括提高经济效益、能源和资源的利用效率，在保持德国制造业工人高工资的同时，形成新的国际竞争力；二是及时性，即对市场的快速反应；三是灵活性，即增强对个性化产品和服务的供应能力。新一轮科技革命和产业变革对于我国推进生态文明建设、发展绿色制造提供了技术上的支撑。

第三个方面，实施“中国制造 2025”战略。我国提出了中国制造强国建设三个十年的“三步走”战略。《中国制造2025》是第一个十年的行动纲领，计划到2025年，用十年时间迈入制造强国行列。2010年，我国制造业增加值已经位居全球第一，占全球制造业增加值的比例达到19.8%，150年以后我国又重回制造业全球第一的地位。但是，我国制造业大而不强，特别是创新能力、可持续发展能力距离强国还有较大差距。我国计划用第一个10年进入制造强国行列，再利用两个10年巩固制造业大国地位，综合实力进入世界制造强国前列。《中国制造2025》明确了到2025年10年间的五大工程、十大领域，五大工程中就包括绿色制造工程。如何将生态文明、绿色低碳的理念充分体现在制造业之中，最重要的还是依靠技术进步。

如何推进绿色制造

根据《中国制造2025》的相关部署，目前工信部正在会同有关部门组织编制《绿色制造工程实施方案》，计划从2016年到2020年，顺应国际发展的新趋势、新要求，全面推行绿色制造，力争率先实现《中国制造2025》绿色发展方面的目标。绿色制造工程的总体思路是全面落实制造强国战略、强化绿色发展，紧紧围绕制造业资源能源效率和清洁生产水平提升，以制造业绿色改造升级为重点，以绿色科技创新为支撑，以法律标准、绿色监管制度为保证，夯实绿色制造基础，加快构建绿色制造体系，推动绿色产品、绿色园区和绿色供应链发展，实现制造业高效、节能、低碳、循环发展，促进工业文明和生态文明和谐共融。

初步估计，在全面推进绿色化发展的“十三五”时期，存在许多属于市场调节失灵的领域。对此，我们将采取政府政策引导和绿色投融资机制相结合的方式，充分发挥和放大杠杆和政策导向作用，积极推进五大任务。

一是实施传统制造业绿色化转型，聚焦重点区域、流域和重点行业，实施清洁化改造，能源、水资源高效改造和基础工业绿色化改造。

二是推进资源循环利用绿色发展，重点推动工业固体废弃物的规模化、高值化利用，培育再生资源骨干企业和集聚区，探索产业区域间协调发展的新模式。

三是打造一批特色制造企业和基地。

四是构建绿色制造体系，落实全面推行绿色制造的战略部署，强化顶层设计，以企业为主体，以绿色标准为支撑，开发绿色产品，创建绿色工厂，建设绿色工业园区，打造绿色供应链，加强试点示范。

五是建造绿色制造服务平台，探索行业管理新模式，加快建设绿色制造相关的标准体系，快速提升绿色制造基础能力。

绿色循环低碳发展是建设生态文明的基本路径，也是转变工业发展方式的必然选择。工信部将把工业绿色化作为下一步工作的重点和方向，与各部门、协会、企业共同努力，以更大的力度、更强的措施和更实的政策推进工业绿色转型，为促进工业文明和生态文明和谐共融做出新的贡献。

新常态下中国经济的转型与升级

林毅夫
世界银行前高级副行长兼首席经济学家

新常态已经不是一个陌生的词。习近平总书记 2014 年 5 月到河南考察的时候，首次提出我们国家经济进入到一个新常态。从那以后，“新常态”成为各种讨论场合、各种媒体上出现频率最高的一个词。本文旨在从新结构经济学的视角来谈谈中国在新常态下的经济转型与升级。

发达国家新常态有哪些特征

最早使用“新常态”这个词的是美国。2008 年，美国金融危机爆发。2009 年初，华尔街的金融家首先提出，在未来一段时间，发达国家在金融市场上的投资会进入一个新常态。

华尔街金融家提出新常态基于以下判断，即在未来相当长的一段时间里，美国跟其他发达国家会进入一个低增长、高失业、投资风险大、平均回报率低的阶段。从发达国家的发展我们可以知道，它们平均每年经济增长速度大约是 3%，而且相当稳定。危机以后会有一个增长的反弹，一般会有 6%、7% 的经济增长，这是发达国家在过去的一种常态。

实际情况如何呢？以美国为例。2013 年，美国的经济增长速度是 2.2%，低于它长期平均的 3%。2014 年初，世界银行和国际货币基金组织预测，2014 年美国增长速度可以达到 2.8%，但实际上只有 2.4%，还是低于它长期平均的 3%。在失业率方面，按照美国自己的统计，已经降到 5.5%，似乎跟危机之前基本处于同一个水平了。但是实际上它真实的失业率远远高于这个数字。按照美国对失业率的统计方法，如果一个劳动者一个月不去工作，就被算作退出劳动力市场，就不在失业统计里面。所以，在探讨美国失业率的同时，还要参考一个指标，就是劳动参与率。美国现在的劳动参与率比其正常情况下的劳动参与率低了 3 个百分点。如果把这个减少的部分当成失业的话，美国现在的失业率接近 10%，这是高失业率。

为什么在低增长、高失业的时候，投资风险会加大？主要原因是，发达国家一般有比较好的社会保障体系，当失业率高的时候，政府的开支就会增加很多。但是由于处于低增长，政府的财政税收增长得慢，所以财政税收的缺口就会相当大。比如，日本 1991 年泡沫经济破灭之前，积累的财政赤字占国内生产总值的 60%。现在日本财政赤字已经占到国内生产总值的 200%。在这种情况下，发达国家当局都会采取非常宽松的货币政策，把利率维持在 0 或者 1% 左右。

货币非常宽松，相当于经济当中的流动性多，并且这些资金的成本又非常低。这种状况下，实体经济的投资机会就不会太好。大量的资金就会转向投机，如股票市场等，股票市场的价格就会“水涨船高”。在这种情形下，任何风吹草动都可能造成股票市场大涨大跌，风险就会非常高，而平均回报率则非常低。这就是发达国家的所谓新常态。

这种新常态在发达国家可能会持续相当长的一段时间。发达国家经济要恢复正常，必须进行结构性的改革。对此，国际经济学界，包括国际货币基金组织，或者学术界是有共识的。既然有共识，为什么至今未做到？最主要的原因在于，这些结构性改革都是收缩性的，一旦推行，会带来需求减少，从而增加失业。在失业率处于历史高位的情况下，这样做一定会引起民众的反对，很难推行下去。可是没有结构性改革，经济就无法恢复生机。这是发达国家目前面临的一个困局。

中国后发优势的潜力有多大

对于中国经济新常态，恐怕不能简单套用发达国家的模式。其中一个重要问题，就是如何看待增速放缓。进入新常态以后，我们就会转向中高速增长。中高速到底是多高？是政府提出的 7% 左右，还是学界说的可能会降到 5% 左右？我觉得要回答这个问题，首先要判断我们的增长潜力有多大。

从新结构经济学的角度来看，经济增长的内涵是我们的平均收入水平不断提高，而平均收入水平不断提高的前提则是劳动生产率水平的提高。如何提升劳动生产率水平？一靠技术创新，提高现有产业的产品质量和生产效率；二靠产业升级，将劳动力、土地、资本等生产要素配置到附加值更高的产业。发达国家的产业技术水平已经是全世界最高的，它所在的行业附加值在全世界也是最高的。因此，它的技术创新、产业升级都只能自己实现。但发展中国家不一样，它可以对发达国家成熟的产业进行引进、消化、吸收。这就是发展中国家的后发优势，也可以叫作后来者优势。

判断后发优势的潜力，不是看过去的发展怎么样，而是要看跟发达国家的产业基数差距有多大。如果这个差距大，那后发优势的潜力就大；如果差距小，后发优势的潜力就小。而判断一个发展中国家跟发达国家的产业差距，最好的方法就是看人均 GDP 的水平。按照购买力计算，2008 年我们人均 GDP 水平是当年美国的21%，相当于日本在1951年跟美国的差距水平，新加坡1967年跟美国的差距水平，我国台湾地区1975年跟美国的差距水平，韩国1977年跟美国的差距水平。后发优势，让这些东亚经济体实现了20年7.6%~9.2%的增长。按此推演，从后发优势的潜力来讲，我们应该还有10~20年每年8%左右的增长潜力。

在此需要强调的是，我讲的是潜力，潜力只代表可能。潜力是从长期供给面来看的。谈及经济增长，不仅要分析长期的供给面，还要分析短期的需求面。通常所用的是“三驾马车”理论，即出口、投资和消费。由于金融危机的影响，我们国家的出口受到很大影响。要维持经济增长的话，必须更多靠内需。内需有两块，一块是投资，一块是消费。从投资的角度来看，我们有利的条件还是非常多的。

比如说产业，我们现在的产业跟人均GDP是相当的。我们现在人均GDP是7 000多美元，比美国低多了，所以我们是在中低端，甚至在低端。即使现在有很多产业产能过剩，但是我们还可以进行产业升级。这跟发达国家不一样，发达国家产业都在前沿，下一个新的产业还没找到。而对我们来说，新的产业并不难找。

克服思想认识三大误区

潜力在那里，但要使其成为现实，必须把内外部有利条件都用上。打个比方，即使粮仓里面堆满了粮食，如果你不吃饭的话，也会饿死。但目前在国内，我觉得还存在一些思想认识上的误区。

误区一：高速度牺牲增长质量

有人说，现在雾霾这么严重，环境问题这么严重，就是因为过去这些年增长太快。的确，环境问题与发展是相关的，但是跟高速增长本身并不直接相关。以中印两国比较为例，在1978年我们的人均收入是155美元，印度是209美元。

经过36年的发展，我们现在的人均收入超过7 500美元，而印度只有1 600美元，它连我们的四分之一都没达到。但数据显示，印度雾霾跟环境污染问题比我们还严重。从这个比较来看，确实在高速发展的过程当中，加重了环境问题，但不能说是跟我们发展快速有关。

那么，问题出在哪里？主要有三个原因。一是我们现在所处的是中等收入阶段。低收入阶段是以农业为主，高收入阶段是以服务业为主，中等收入阶段的国家，它的产业结构是以制造业为主。任何一个国家，当它的经济是以制造业为主的时候，环境问题都比较严重。为什么会这样？因为在制造业阶段，它的生产特性是能源使用密度高，而且排放的密度高。二是中国和印度这两个国家有一个先天的劣势，即两国能源结构都以煤炭为主，煤炭的排放比石油、天然气都多，所以环境压力更大。三是监管不力，所以问题就更严重了。

放慢经济增长速度来改善环境质量，可能用意是好的，但实际上达不到这个目标。要根本解决环境问题，最重要的是赶快进入高收入阶段。服务业能源使用率低，排放减少，环境的压力就会小。而且当我们进入高收入阶段以后，可以用来治理环境的手段多了，钱也多了，解决环境问题的力度就自然大了。而如果一味放慢经济增长速度，会导致我们在制造业阶段的时间被拉长，反而陷入一个更被动的局面。

误区二：把投资等同于产能过剩

出现产能过剩，很多人认为这是因为我们的发展模式不对。我们是以投资拉动经济增长，变成产能过剩，因此要以消费拉动经济增长。但这个说法对不对？我并不是反对消费，消费非常重要，这是发展的目的，但是消费增长的前提是收入水平增长，劳动生产率水平要不断提高。为此，技术要不断创新，产业要不断升级，而这都要靠投资。

当然投资也应该是有效投资，这样才能提高劳动生产率水平。如果继续在那些过剩的产业里面投资，当然会产生更多的过剩。但是简单把投资等同于产能过剩的人，没有进行产业结构分析。实际上，有很多新的产业可以不断升级。如果投资于产业升级的部分，或者投资于我们现在很多基础设施不完善的地方，或者投资于环境治理，这些投资怎么会导致产能过剩呢？

误区三：基础设施投资回报率低，不应该政府来做

有学者研究发现，基础设施的投资回报率比一般产业投资回报率低，由此认为，政府就不应该做基础设施投资。我认为其观点存在几个问题。首先，基础设施的投资跟一般产业的投资周期不同。一般产业的投资，一年两年就有产品可以卖了。基础设施的投资周期就要长很多。其次，回报周期也不一样。一般产业的投资 10 年就折旧完了。基础设施的投资折旧，可能要 30 年甚至更长。折旧短意味着什么？就是每年的回报率要高，才能够抵消折旧率。如果回报周期长的话，每年的回报就会比较低。再次，基础设施的投资有很多是外部性、社会性的收益，不是从项目上直接可以得到收益。

退一步讲，如果我们把这些外部性等都算进去，还是发现基础设施的投资回报率比一般产业低。在这种情况之下，你让民营经济去做，它也不会愿意做。但是如果政府也不做的话，那么基础设施到处是瓶颈，经济还能发展得起来吗？实际上，这也是 20 世纪 80 年代新自由主义兴起以后一个很大的误区。基础设施这一块，政府还是有责任去做的，尤其是在经济下行的时候。政府来做基础设施的投资有许多好处：可以启动需求，创造就业，稳定经济增长；从长期来看，还可以提高经济发展的外部环境，让经济发展得更好。

对不同产业政府要有不同引导

在产业不断升级当中，劳动生产率才会不断地提高。这个过程当中，政府

到底能够扮演什么角色？从新结构经济学的视角看，根据产业发展与国际前沿的差距，我将产业分成五种类型。对不同类型的产业，政府因势利导的作用也不相同。

第一种是追赶型产业。我国的汽车、高端装备制造、高端材料产业即属于这种类型。追赶型产业可以通过三种方式来发展：一是到海外并购同类产业中拥有先进技术的企业，作为技术创新、产业升级的来源；二是如果没有合适的并购机会，可以到海外设立研发中心，直接利用国外的高端人才来推动技术创新；三是海外招商引资，将这些产品的生产企业吸引到国内来设厂生产，从而把先进技术、管理都带过来。

第二种是领先型产业。我国有些产业，像白色家电、高铁、造船等，其产品和技术已经处于国际领先或接近国际最高水平的地位。领先型产业只有依靠自主研发新产品、新技术，才能继续保持国际领先地位。自主研发主要分两块，一块是研究，一块是开发。研究就是对所用技术或者产品的化学性质、物理性质等基础知识的研究。根据这些基础知识的研究，再去开发新产品。企业开发的新产品、新技术可以申请专利，这类活动理当由企业自己进行。但是，基础科研投入大、风险高，属于社会公共知识，企业没有从事基础科研的积极性。所以在基础研究方面，实际上是要政府投入的。

第三种是退出型产业。这种产业可以分为两类，一类是丧失比较优势的产业，另一类是在我国还有比较优势但产能有富余的产业。劳动密集型的出口加工业是最典型的第一类产业。这类产业在我国失去比较优势是不可逆转的趋势。面对这种挑战，一部分企业可以升级到品牌、研发、市场渠道管理等高附加值的“微笑曲线”两端；而多数企业只能像20世纪60年代以后日本和80年代以后“亚洲四小龙”的同类企业那样，利用技术、管理、市场渠道的优势，转移到海外工资水平较低的地方。现在转移出去要考虑两个问题：转到哪里去？怎么转过去？一般来说，会选择东南亚。但是这几年，东南亚工资上涨的速度跟我们一样快。我认为最合适的地方是非洲，非洲有10亿人口，那里有大量的剩余劳动力。

还有一部分产业其实我们还有优势，主要是在建材行业，如钢筋、水泥、平板玻璃、电解铝等。为什么会有富余产能？因为这些产业的生产能力是按满足过去高速增长的投资需要形成的。在国内是富余产能，但是这些产业的产品在非洲、南亚、中亚、拉丁美洲等发展中国家还是非常稀缺的。我们可以配合“一带一路”等国家战略的实施，支持这些产业中的企业以直接投资的方式将产能转移到同我友好、基建投资需求大的发展中国家。

第四种是弯道超车型产业。我们现在有一种新兴产业，它在全世界是新的，但它的研发以人力资本为主，而且研发的周期特别短，例如移动通信、手机、互联网产业等。这种以人力资本投资为主、研发周期非常短的新产业，我们确实可以跟发达国家站在同一条起跑线上。如果它是硬件的话，我们还有产业能力强的优势。政府可以针对这类企业发展的需要，提供孵化基地、加强知识产权保护、鼓励风险投资、制定优惠的人才和税收政策，支持创新型人才创业，利用我国的优势，推动弯道超车型产业发展。

第五种是战略型产业。这类产业通常资本投入非常高，研发周期长。这类产业我国尚不具备比较优势，但其发展关系国家安全和长远发展，必须要有。大飞机、航天、超级计算机产业即属于这种类型。战略型产业有一个特性，即它不能完全依靠市场，需要政府的保护性补贴才能发展起来。过去，政府的保护性补贴主要是通过各种要素的价格扭曲和直接配置实现的。党的十八届三中全会提出全面深化改革，要素价格的人为扭曲将被消除，今后应通过财政直接拨款来补贴这类企业。对战略型产业的扶持是国家行为，应由中央财政来承担。但是，各地政府也可以做一些事情，鼓励支持配套产业发展，并改善基础设施、子女教育、生活环境等条件，争取战略型产业落户当地，以实现战略型产业发展和当地产业转型升级的双赢。

总的来说，在经济新常态下，通过创新驱动和产业升级，即使在相对不利的国际环境中，我国经济也能保持 7% 左右的中高速增长。那么到 2020 年，党的十八大提出的国内生产总值翻一番的目标就能够实现，人均 GDP 达到 12 615 美元是完全有可能的。达到 12 615 美元就是高收入国家，按照我们人口占世界的比重，那意味着全世界高收入的人口翻了一番还多，这将是中华民族伟大复兴的重要里程碑。

人工智能，天使还是魔鬼

谭铁牛
中科院院士

人工智能60年发展启示

在不同人的眼中，人工智能或者被描绘为天使般的技术，或者被描绘成魔鬼般的技术。人工智能到底是魔鬼还是天使，这是一个需要回答的重要问题。1956年，约翰·麦肯锡等10位来自不同学科的科研人员举办了为期两月的暑期学术研讨会，会上提出了人工智能的概念，标志着人工智能学科的诞生。

人工智能60年的发展，大概经历了6个阶段。当时预测，到20世纪末机器人可能达到人的水平，但这个预测不太实际。后来考虑让人工智能更加有活力，还是应该与应用相结合。因此到了20世纪70年代出现了各种专家系统，开创了人工智能走向实际应用的新局面。再后来发现让人工智能解决更大更复杂的问题，专家系统也还不够，接着走过了一个低迷的发展期。直到今天，人工智能才可以说进入了新的蓬勃发展期。

我们能从人工智能60年的发展中得到什么启示呢？我的体会有5点。第一，尊重科技发展规律是推动科技健康发展的前提；第二，基础研究是科学技术可持续发展的基石；第三，应用需求是科技创新的不竭之源；第四，学科交叉是创新突破的捷径；第五，宽容失败应是鼓励与支持创新的题中应有之义。人工智能60年的发展，尽管起起落落，道路曲曲折折，坎坎坷坷，但是发展到今天无论是理论创新还是各种应用，应该说是精彩纷呈，发展前景看好。

人工智能现状分析

人工智能的发展现状大概可以从七个方面去把握。

第一，互联网和大数据推动人工智能进入了新的春天。

第二，专用人工智能取得了突破性的进展。我把专用人工智能定义为面向特定领域的人工智能，比如识别图像和语音识别。这种特定的领域，知识比较丰富，功能需求比较单一，所以发展很好，在单项能力方面有些已经超越了人的智能。这方面的例子很多，像日本的仿人机器人，美国的猎豹机器人，德国的工业机器人、谷歌的无人驾驶汽车、IBM公司的Watson系统等，还有中科院自动化所等国内的成果。我这几年在研究虹膜识别，现在虹膜识别大规模用在煤矿。还有监控领域中的智能视频分析，2007年开始就在北京城铁领域应用了，步态识别也正在研发。

第三，通用人工智能依然任重道远。人工智能机器很难说比人聪明，因为人的大脑是一脑万用。现有的人工智能系统，可以说有智能没智慧，有智商没有情商，会计算不会算计。研究通用人工智能系统难度很大。

第四，人工智能产业化应用蓬勃发展。短短5年时间，这个领域的投资达到170多亿美元，人才也很稀缺。

第五，企业巨头抢滩布局人工智能产业链，大家都在投钱说明它很火。

第六，人工智能已经上升到国家战略高度。国务院发文推进“互联网 +”行动计划，11 个重点领域其中一个就是人工智能，而且很多其他领域也都涉及人工智能。2013 年提出的德国工业 4.0 很火，它的主题就是三个智能，智能工厂、智能生产、智能物流。

第七，人工智能的社会影响已引起广泛关注，包括被认为是当今最伟大的科学家之一的霍金教授就说，人工智能或将威胁人类生存。众所周知，霍金是人工智能最直接的受益者。因为他身体的原因，他的发声完全通过语音合成。当然，也有跟他不同观点的。我们认为，尽管经过 60 年的发展，人工智能取得了巨大进步并呈爆发增长之势，但在看得见的未来，人工智能的整体水平还难以超越人类智能，还不足以威胁人类的生存。然而，人工智能的社会影响必须得到高度重视。

以上 7 个方面是目前国际上人工智能的基本现状。我国的状况可以概括为 16 个字：国家重视，态势喜人，差距不小，前景看好。大家知道，2014 年两院院士大会期间，习近平总书记在开幕式上做了重要讲话，其中大篇幅讲到了机器人与人工智能。李克强总理在 2015 年《政府工作报告》里提出“中国制造 2025”战略规划，2015 年 5 月 19 日，国务院正式发布“中国制造 2025”战略，明确智能制造为主攻方向。2015 年 7 月 1 日国务院发布《关于积极推进互联网 + 行动的指导意见》，国家主要科技计划也都相当重视人工智能方面的研发布局。我们聚焦人工智能，必须要看到差距，尤其是与国际上一些主要工业发达国家的差距。但是国家如此重视，发展机遇很多，未来必将有很大发展。

人工智能发展趋势与展望

如果不能把握发展趋势就会走错方向，方向不对努力白费，跑得越快越糟糕越浪费。我觉得可以从 7 个方面去把握人工智能的发展趋势。

第一，人工智能将成为智能化时代的关键使能技术。我深信人工智能将使原来的“不能”变为“能”，因为人类社会形态从农业社会进入工业社会到信息社会再到智能化社会是逐步递进的，这是人类文明发展的趋势，社会形态的发展方向。人工智能将越来越成为大势所趋。

第二，人工智能将引领“第二次机器革命”。第一次机器革命是解放人的体力，第二次机器革命是拓展人的智力。

第三，人工智能毫无疑问将重塑产业格局。我认为“智能 +X”将成为万众创新的时尚和潮流。

第四，人工智能将对社会结构产生重大影响，人机协作与共存将成为人类社会结构的新常态。

第五，人工智能将促进信息科技与脑认知科学的深度交叉。相信对人脑智能机理的进一步挖掘和发现将孕育信息科技的重大变革。把这些机理搞清楚所产生的影响甚至比发明集成电路更重要。

第六，人工智能将与人类智能互补融合。人工智能和人类智能仅一字之差，混合智能在未来将有广阔的应用前景，或者说混合智能是未来智能科学的发展方向。

第七，人工智能社会学将提上议事日程。“水能载舟，亦能覆舟”。人工智能应用得好、把握得好，魔鬼就不会出现。所以尽管在看得见的未来人工智能还难以超越人类智能，但是它对人类社会将产生巨大影响。

我国面临的机遇与挑战

完善和发展中国特色社会主义制度，推进国家治理体系和治理能力现代化，是党的十八届三中全会提出的全面深化改革总目标。科学决策、智慧行政应是国家治理体系和治理能力现代化建设的重要目标。人工智能在这个领域大有可为。另外最直接的国家战略“中国制造 2025”，主攻方向就是智能制造。2015 年 7 月 1 日国务院发布的《关于积极推进“互联网 + ”行动的指导意见》，核心内容就是“智能 +X”。这些国家战略与计划都给人工智能带来了巨大机遇。智能产业是国家经济发展的大趋势，发展智能产业和智慧经济需要人工智能的持续创新。机器替代人迫在眉睫，转型升级仍是当务之急。我们国家制造业的人口红利带来了很多好处，但是我们国家因为劳动力成本的提升、环境的压力，人口红利在逐步消失，一些国家的制造业又回归本土。还有老龄化社会为人工智能产业创造机会。如今人工智能快速发展条件日趋成熟。比如我们有庞大的互联网网民群体，我们的 BAT 三个互联网企业还是相当不错的，都是有很好的基础。另外，人工智能目前的爆发期是我国实现后来居上的重大历史机遇，有国家的推动、社会的需求、网民基础、数据基础，我们如能抓住机遇，还是有可能实现后来居上的。

当然，人工智能发展也会遇到各种挑战，比如机制体制等，这是我特别希望强调的，这些挑战不解决，机遇就可能抓不住。我们习惯讲机遇和挑战同在，机遇抓不住就是挑战。另外，人才队伍的挑战、技术水平方面的挑战，还有基础设施挑战也都不少。当然，这么大力度推进机器人换人，被换下的人如果安置不好，就可能成为一个社会不稳定的因素。有问题、有挑战并不可怕，有了问题我们就应想办法解决。有了机遇及时抓住，有了挑战想办法解决才有更大的发展。如何以推进“互联网 +”和“中国制造 2025”为契机，抓住第二次机器革命的历史机遇大力发展人工智能技术与产业，最大限度释放智能红利，为经济新常态注入智能化的思路？总体来讲，我认为要瞄准国际人工智能发展趋势，立足我国经济社会发展实际需求，统筹整合国内相关资源，科学设定发展目标，有组织地谋划效果更好。

此外，在数据的开放共享方面我们还有很大的差距，我们要在文化观念上更加解放，聚沙成塔，集中力量，建设开放共享的人工智能创新发展平台，为人工智能的发展一起努力。同时，我们要重视和加强人工智能前瞻性基础研究。另外，有必要重点攻克类人智能信息处理技术，这是信息科技进入智能化时代的战略制高点，也是人工智能最有可能突破的切入点。我们需要深化人工智能技术推广应用，做大做强智能产业。要加强人工智能的教育和科普，加强高素质人才队伍建设，这是保证这个领域可持续发展的重要前提。科普也很重要，要让大众客观地了解人工智能。所以最后一点，各个方面包括科研机构、学术团体，也包括国家层面，要把人工智能社会学的研究提到议事日程，未雨绸缪，建立健全相关的政策和法律法规，避免可能带来的风险，确保人工智能的正面效用，确保人工智能不被滥用，确保人工智能是天使而不是魔鬼。

总之，人工智能经过60年的发展已经取得了巨大进步，而且目前呈现爆发增长之势，但总体上还处于初级阶段，虽然还远不足以威胁人类的生存，但是它的社会影响应得到高度重视。作为信息化智能化时代的关键使能技术，人工智能将日益成为新一轮产业革命的引擎，必将深刻影响国际产业竞争格局和国家的国际竞争力。我们应当抓住“互联网+”和“中国制造2025”两个国家战略，以战略为契机，系统谋划，健康发展。

投资篇

掘金新经济

中国经济的新亮点和投资机会

王健林
万达集团董事长

中国经济目前遇到了困难，发展正在持续放缓。而且这一轮放缓，我自己判断还要持续两到三年。有些学者断定 2016 年经济就会好转，我认为这是不真实的。

中国经济目前遇到的困难，是我们主动转型调整造成的。这和最近 10 年来世界上发生的两场大经济危机相比，本质不同。中国这轮经济放缓，是因为自身对发展的结构进行调整，原来是“三驾马车”，投资是第一，出口是第二，内需消费是第三。投资曾经对 GDP 的拉动最高达到 50%，但是现在，降低投资、降低出口，对中国经济形成了负拉动，尽管服务业每年对经济增长提升两个百分点，但是抵不上这两个行业的降低，所以中国经济每年要下降一两个点。

举一个很简单的例子。过去 20 年，每年的环比投资持续超过 20%，但最近两年都只有 10% 左右，投资快速下降，经济当然有所放缓。但跟世界上大的经济放缓或危机不同，美国的经济危机是由内生原因造成的，是被动的，如次贷危机，这也使欧洲几个国家经济出现了问题，整个欧盟的经济放缓。而中国经济放缓是主动进行的，只有当我们服务业在经过三年或者五年的调整，对经济拉动达到 2/3 以上的时候，中国经济就真正走出了困境，贸易摩擦也减少了。

中国经济有很多新的亮点和投资机会。比如文化，外国叫娱乐业，还有体育产业、旅游产业等等，都在发生巨大的变化，以百分之几十的速度在环比增长。2015 年上半年，中国的影视产业 1—9 月增长了 50%，创造了纪录。我预计 2017 年我们中国电影产业将超过北美，10 年之内中国电影市场将占到全球的一半左右。比如体育产业，只有 300 亿美元左右的规模，但是最近这两年，每年都是百分之四五十的增长。举一个万达银团公司代理的世界杯转播权的例子，前一段时间 2018 年俄罗斯世界杯的转播在招标，转播费比 2014 年南非世界杯提升了十几倍。还有很多类似的例子，说明体育正在高速成长。

还有旅游。中国旅游现在不是缺少需求，而是缺少有效供给，所有的旅游景点只要节假日都是人满为患。2015 年 10 月 1 日，中国就有 7.5 亿人在移动。13 亿人中的 70% 以上在旅游，所以旅游项目还是太少了。中国经济还有很多亮点，只要把这些服务业亮点逐渐做大，中国经济一定会迎来新一轮的持续稳定高速增长，这就是我对中国经济的一个简单解读。

未来10年的投资方向

吴晓波
知名财经专家

最近这段时间，有很多50后、60后的朋友都问我一个问题：为什么突然有一种不安全感，有一种陌生感？过去的两三年里，中国的很多产业在发展，互联网对制造业、服务业形成了冲击，中国金融市场也出现了一定波动。

消费者的陌生感以及大家对未来中国经济预期的担忧，还是非常大的。这种陌生感和不安全感正在袭击着我们，大家都觉得有一点迷茫。现在每个人都问，未来会怎么样呢？自己的钱能不能保值，能不能增值？

我们需要用一种结构的方式来看待这个问题。简单地回顾一下，我们口袋里的钱是从哪里来的？我们的企业是怎么发展到今天的？过去二三十年里，中国的财富以怎样的一种方式在波动？我们是怎么走到今天的？面向未来，我们会有哪些可能性？从“吃穿用”到“房贸网”，钱是从哪里来的？从1978年到今天的30多年中，中国的经济增长率达到平均7.4%，从全球经济体中排位第八，到今天成为全球第二大经济体。

大规模增长周期一去不返

从1978年到现在，中国经历了几个大的产业周期。

第一个周期是1978年到1997年。在这20年里，中国由重工业经济变成轻型经济，由短缺经济变成了过剩经济。

在这20年里，中国人绝大多数是在吃、穿、用这三个方面，通过食品、保健品、饮料、纺织、家电等行业赚到的钱。中国今天成名的企业家和品牌，90%以上都是在这20年里出现的。在改革的第一个阶段，只要进入这三个行业，只要非常勤奋和努力，扩大产能，做出品牌，就可以赚很多钱。

第二个周期，1998年发生了东南亚金融危机。从那一年起，中国为了应对危机，推出了很多产业政策。今天的房地产政策就是1998年开始的，取消福利分房，全部推行商品房制度。1998年开始修高速路，开放了外贸的进出口自主权，报纸上出现了一个名词——中国制造。外贸对中国沿海各城市的经济影响也是从1998年开始的。

1998年开始，居民消费渐渐转变为以房地产为主，城市化建设也从以中小企业为主渐渐转移到以政府为主。房地产和城市化建设开始崛起的时候，能源价格大幅度上涨，包括煤炭价格、钢铁价格等。这使大量资本进入产业的上游领域，中国的产业开始从轻型结构调整为重型结构。

1998年到2014年，长达16年的时间，出现了“中国制造”席卷全世界的过程，外贸大幅度增加。作为从完全的内向经济转向外向经济发展的新型经济模式，1998年以后出现了一个非常重要的产业，就是互联网经济。我发现一个有趣的事实，中国一些非常重要的互联网企业，比如新浪、搜狐、网易、腾讯、百度、阿里等，都诞生在1998年的第二季度到第四季度。

这三个变化是我们非常熟悉的景象。过去16年里，你只要进入这些行业——比如房地产行业或与房地产相关的行业、能源行业、外贸行业或互联网行业——就可以赚很多钱。这些行业替代吃穿用三个行业，形成中国经济新的增长极。

在这个过程中，我们看到了房地产的盛宴。从 1999 年开始，中国富豪榜前 100 位中，有 60 位左右是房地产开发商，这个速度一直持续到 2013 年，2014 年开始变化。所以房地产的黄金周期已经过去了。

但是到今天，为什么很多朋友在过去十几、二十年里获得了很多财富，在今天却觉得很陌生，觉得有不安全感？未来会好还是会坏？如果仅仅从经济层面来看的话，长达 16 年的产业周期结束了，钱已经不在消费、出口、投资这“三驾马车”上了。原来靠成本和规模优势的重工业投资获得经济增长的逻辑结束了，GDP 也不再保持 8%~9% 的高速增长了，回落到 7%，我们把这叫作新常态。中国经济由通货膨胀变成了通货紧缩，满街都是商品，老百姓不愿意花钱。

今天，所有的“陌生”都因周期而存在，大规模的增长周期结束了。

四大新动力蓬勃兴起

未来 10 年，中国的产业会进入四个新的动力区。

在我看来，未来的钱，至少在 10 年之内不会有问题，未来 10 年中国经济发生崩溃是极小概率的事件。问题是，过去的“三驾马车”模式被改变了，未来的变化全部在于“新”——新实业、新消费、新金融、新城镇化。实体经济还会发展，消费产业、服务产业还会发展，金融业在变革，新的城镇和新的城市仍然会建设。过去第一个周期的 20 年，是从无到有的过程，我们原来没有实体行业，没有家电行业。第二周期的消费出口投资仍然是从无到有的过程，原来没有出口，后来有了，原来没有城市化建设，没有高速公路，现在有了。

未来所谓的“新”，指的是都有了。中国今天的制造业排在全球第一位，中国的比重达到了 28%，超过了美国。中国每年还有非常庞大的几十亿消费。问题在于，并不是每个工厂都可以赚钱，未来三五年，中国的银行业和金融业变化会非常大。2013 年，中国还没有一家私人银行，现在我们有了四家，中国今天的互联网金融公司有 2 800 家，三年前一家都没有。整个金融行业都改变了，城镇化也一样。

未来 10 年，中国仍然是全球经济发展的重要发动机，问题在于整个产业发生了很大的变化，消费发生了很大变化，因此财富和投资模式发生了很大的变化。

财富如何增值？

策略一：加大资产的杠杆效应

简单算一下，如果每年的资产增长在 10%，刚刚对得起这个时代。任何单一的理财产品都难以给你这个收益，所以一定是复合式、组合式的资产投资，要保持比较激进的杠杆资产。全世界现在都在大规模地印钱，从美国到欧洲，到日本。日本过去三年里货币发行量增加了一倍。现在全球处在通货紧缩时期，所以从财富安全性的角度来讲，现在最好的办法是把钱都花出去，不管买什么都是对的。要保持相对激进的理财态度，才可以保证人民币的保值。

策略二：股权投资 + 投资创业者

投什么呢？从最激进的角度，未来 10 年中国最值得投资的是两方面：一个是好的股权，另一个是好的人。

现在新三板有 3 200 家公司，两年之内我认为会超过 6 000~10 000 家。现在中国每年的基金信托债券业务大规模发展，中国拥有全世界最大规模的中小企业创业公司。政府提出了全民创业，所以某种意义上来讲，我们要去投好的企业。

股权投资是赢得未来中国经济发展的第一个重要的手段。

第二是投“好的人”,“好的人”就是20年前的我们。20年前的年轻人,都是今天的80后、90后,你要找到那些好的人,可能是你的孩子,可能是你的下属,也可能是马路上的小伙子,对金钱渴望的人。找到他们,把钱投给他们。

那么像我这个年纪的,60后、70后出来的朋友们,未来对于商业世界的最大贡献是什么呢?是拿着我们上半场赚的几十万、几百万、上千万,放在中国市场、全球市场,支持年轻的企业和年轻的人。我们用这样的方式来看下半场的建设。这是第二个策略。

策略三:全球化的资产配置和优质的不动产投资

前面的一半资产做一些非常激进的投资,另一部分应该拿出来进行全球化的资产配置。

说到全球化的资产配置,很多人到美国去买房子,或者去欧洲买一个商铺,实际上,真正的全球化资产配置应该是交给专业公司打理的过程。要安排一些对冲性的产品,这些产品不仅仅是买房子、买商铺那么简单,这是全球性的资产配置,是我们需要学习的。

接下来就是优质的不动产投资。过去十几年,在中国任何一个城市买的房子都是对的,但是在今天,我们谁也不敢想这句话。一个城市的房子,值不值得购买,是由很多因素决定的。第一,要考虑这个城市在未来三到五年内,人口是流出还是流入;第二,这个城市过去几年的工业产值是增长还是下降,第二产业和第三产业的比例是怎么调整的;第三,这个城市过去几年和未来几年,土地的出售是不是理性的,库存量是多少,也要考虑;第四,这个城市政府的施政效率是高还是低,公共配套到底怎么样。所有这些加在一起,才可以决定未来几年这个城市的房子是涨还是跌,能够买还是不能够买。今天买房子不能闭着眼睛买,要睁得非常大才可以买到好房子,好的不动产还是值得珍藏和配置的。

策略四：投资自身健康和精神消费

我们要去看好的电影，去旅行，要读书和看好的歌剧，我们要知道全世界人类文明到今天的很多成果，要用金钱和时间去交换它们。我们不应该只是天天忙着赚钱。

只有投资这两项以后，我们才能真正跻身中产阶层。

新兴产业的投资机会在哪里

梁信军

复星集团副董事长兼首席执行官

关于新兴产业的三个结论

关于未来新兴的产业或者机会在哪里，从投资的角度出发，有一个非常好的逻辑。

我们可以从杠杆率的角度来分析一下这个逻辑，所有的国家杠杆率，从企业家角度来说就叫负债率。每个国家都有4个负债率：政府部门负债率、非金融企业部门负债率、家庭部门负债率和金融机构负债率。如果看前面三个杠杆率，我们能够得到一个非常有意思的结论。

第一个结论，主要的发达国家还是由家庭消费来驱动的，所以家庭的杠杆率非常高。发达国家家庭杠杆率的平均水平大概在75%左右，发展中国家平均大概在35%，中国是38%。

第二个结论，中国企业部门的杠杆率增长潜力不足，未来主要是削杠杆，削产能。企业部门杠杆率，发达国家平均水平大概在 70% 左右，发展中国家、新兴市场大概在 50% 左右，而中国高达 125%，是全世界企业部门负债率最高的国家之一。

第三个结论，政府部门负债率，发达国家平均 90%，新兴国家大概在 55%，中国差不多正好是 55%。如果考虑到中国还有养老问题，以及一些国企改革当中可能存在的国家需要承担的部分成本，我们的政府负债率大概在 60%~80% 的某一个点上。

当政府负债率很高的时候，你要想一个问题，跟政府有关联的生意需要政府的财政补贴来支付，我们称之为 B2G（企业对政府）的生意将来会越来越难做。中国企业部门之间的生意叫 B2B（企业对企业）生意，现在就很难做，未来几年会更难做。B2F（企业对家庭），跟家庭有关的生意，因为中国家庭负债率很低，现在很好做，未来会更好做。所以把这件事情想明白之后，就可以得出一些非常有意思的结论。

5 年后，世界级企业家诞生在这里

先讲 B2F。美国现在是净储蓄国家，每年赚 100 元花 99 元；中国是赚 100 元，付出去 58 元；英国还是赤字家庭，赚 100 元付出去 133 元。据此来看，有几个人口大国是特别值得注意的，印尼家庭债务跟收入比只有 32%，储蓄率高达 60%，俄罗斯只有 27%，阿根廷只有 19%，中国现在是 58%。

从 B2F 角度出发，可以得出一个结论，全世界跟家庭消费有关联的主要增长市场，在中国以及新兴市场国家，发达国家家庭增长是十分有限的。过去，复星集团一直推崇的模式是中国动力嫁接全球资源，投资海外消费方面数一数二的品牌，把它带回中国市场发展。今后我们还可以增加一个，叫中国动力，加上其他的新兴市场国家动力，再嫁接全球资源，也就是买全球品牌之后，不仅带回中国，还要把它带回南亚、东南亚去，用这个方式去促进那些地方的成长。

如果从 B2F 角度出发去考虑，有几个特别的增长点：第一是健康，第二是快乐，第三是跟家庭资产配置有关的生意。

首先来看看健康。到 2020 年，中国大健康产业就将达到今天房地产的规模，8 万亿元。想想中国的房地产培育了多少富豪，就知道大健康的产业注定将来会培育出很多世界级的企业。但是大健康这个领域的发展并不均衡。我把大健康分成三类：医疗用品、医疗服务、健康保险和管理。健康保险和管理增长率最高会有 22%，医疗服务发展大概在 12%~20%，生产制造可能就是 13%~14% 左右。今后中国 GDP 增长大概在 6%~7%，中国消费市场增长估计在 10%~11%，健康这个行业最起码在 16%~17% 以上。那么，中国未来战略新兴机会或者说增长机会在哪里？应该首先抓健康。

再谈谈体育行业。现在体育非常小，但增长潜力非常大。在中国，体育规模只占到 GDP 的 0.6%，西方国家基本在 2%~3%。如果中国做到 2%~3%，未来 10 年，整个体育产业的规模将增长将近 30 倍左右的水平。

另外还包含健康生活方式，就是快乐。快乐可以细分成几类：旅游、时尚、娱乐还有体育。

前面讲了 B2F 的生意，包含健康和快乐，这是从消费来说，还有一大块是家庭的金融资产配置需求。

现在，中国家庭将 26% 的家庭资产配在金融产品上，61% 配在房地产方面。所以我们判断，随着整个中产家庭规模的兴起，做中产家庭资产管理的行业是非常有前途的。

中国家庭的资产配置主要有两个痛点。第一个，要往海外配置。现在中国家庭海外资产几乎是 0，中国中产家庭往海外配置资产行业，以后将会呈现爆炸性的增长。第二个，增加金融资产配置。在发达经济体，家庭资产配置里有 50%~60% 是金融，20%~30% 是房地产。以这两个方向作为今后的发展，是非常有前途的。

认不清这一点，企业将越做越困难

从 B2G 角度出发，跟政府有关，这跟企业界关联度非常大。

美国以后逐步加息是完全有可能的。但是美国整个政府负债率高达 90% 左右。如果负债率很高，政府一定会做两件事：第一件事情是维持低利率；第二是要维持货币稳定，只有货币稳定并强势，全世界的投资者才愿意去买它的债，让它的债务证券化。

虽然新兴市场国家负债率比较低，但是必须看到在过去三五年，它们的负债率涨得特别快。当前情况下，由于大宗商品下降，很多新兴国家是靠卖初级原材料发展的。此外，由于美元加息，货币回流，这些国家短期内财政会恶化，特别是双赤字的。所以进行海外投资要十分小心。

还有大宗商品，现在全球需求非常疲软。中国现在已经明确决定要关停僵尸企业，所以大宗商品没有触底，但现在大宗商品的价格已经逼近了很多企业的边际成本，还会继续低迷，但再下跌的空间不大。

至于中国债务，中国现在开始进入一个降息通道，会逐步进入一个低息环境。

B2B 领域不可错失的四大投资机会

中国企业负债与 GDP 之比高达 125%，中国企业部门未来的主要使命就是降杠杆，削负债率，削产能。

那么从 B2B 角度来说，有哪些投资机会？

第一，虽然整个中国 B2B 行业负债率很高，但有几个行业是不高的，像食品饮料、电子、医药、农业等。

第二，中国在 2026 年前后将会出现劳动力严重不足，所以替代劳动力的智能制造、自动化生产等装备行业是非常好的。

第三，欧美和新兴市场国家本身的 B2B 负债率很低。过去 30 年，中国高速成长，它们低速成长，未来的 5~10 年反而它们有机会了，所以投海外 B2B 还不错。

第四，B2B 行业的分享经济，有过剩产能的行业给分享经济的诞生带来了非常好的机会。过剩的制造业会诞生大量的分享经济形态。复星投了不少，比如钢联就是在过剩钢铁企业中产生的。

不拥抱移动互联网，一定会后悔

关于互联网的问题，我们不要讳疾忌医。

移动互联网是上天赐予中国具有全球战略竞争力的最好的机会，中国现在还真找不出几个具有全球性的、战略性竞争力的机会。中国过去基于人口年轻、劳动力多的战略优势现在已经转到南亚跟东南亚去了，现在我们的优势是移动互联网。

移动互联网是中国最具有全球战略竞争力的行业，为什么？第一，中国人多，人口富裕，人口携带的智能装备多，普及率高，而且用的是同一种语言、同一种货币、同一套物流体系、同一个税收体系。所以全世界单一市场和单一客户的数量，中国是全世界最大的。这就形成了特别明显的移动互联网优势，移动互联网与规模是有巨大关系的。

纯互联网公司是值得投的。比如投大众点评、阿里巴巴的银行、挂号网。

第二，O2O 也是非常值得投的。我们有很多传统企业具有非常庞大的产能，非常庞大的用户群。如果嫁接移动互联网，能够帮助它们真正了解用户是谁，产生长尾生意。嫁接互联网，还可以把产能以低成本扩张扩大。所以对复星来说，未来的几项战略举措之一就是要把全球所有与复星关联的企业全部转到移动互联网上去。所以，企业家们不要害怕移动互联网，应该放下恐惧和傲慢，毫不犹豫地拥抱移动互联网。这件事情今年不做，两三年后一定后悔。

关于企业海外投资，不能忽略的两个要点

有一个很好的赢利模式，或者说很好赚钱模式，就是上市公司 +PE（私募股权）。其实中国的上市公司价格是不便宜的，平均市盈率按照今天股指计算大概在 40 倍左右，所以建议到海外买。海外 B2B 是不错的选择，海外上市公司市盈率 8~10 倍，B2F 大概是 10 倍左右。把海外上市公司买过来加到你的上市公司里，你的上市公司就增加了两个收益方式，一个内生式的，一个海外并购式的。当然纯粹到海外并购风险很大，我建议并购的目的是海外企业一定要在中国有成长。

海外投资是要学习的，需要有条学习曲线，要把企业做得更灵活，同时受益于牛市和熊市。我们投资有个基本逻辑叫低买高卖，你想买到系统低价格应该什么时候买？应该熊市买。你如果想卖个好的价格什么时候卖？牛市卖，所以应该是熊买牛卖。当你拿不定主意该买还是该卖的时候，问一下自己你想买的东西当前是熊市还是牛市。

经过几年的换资产，当前复星的“健康 + 快乐 + 金融”已经占到集团所有资产的 65% 左右。关于未来成长，建议重点还是要考虑错配。第一，海外低价格消费市场跟中国现金市场高成长消费市场错配。第二，海外低成本资金跟中国高成长产品错配。第三，在中国有上市公司而且估值不错，海外便宜市场到中国上市公司装进去也是很好的错配。所以用错配方法论，可以更容易找到合适的成长，经济低潮逼着我们思考全球，思考自己的资产配置，其实从战略上看是好的。

生活服务 O2O 赢利可能要 5~10 年

姚劲波

58 赶集集团首席执行官

现在，整个资本市场不好，很多公司的股票，包括 58 同城的股票在过去一段时间都有一定幅度的下跌，但是腾讯的趋势却非常好。腾讯成为 BAT 市值最高的互联网公司，并且腾讯搭建了一个特别大的舞台，从流量到落地的众创空间，到整个扶持的体系。我们希望将来有机会参与到腾讯这个生态里。

从 2005 年到现在，58 同城在生活领域做了十多年了。生活板块在刚开始的几年表现不好，一直以来其实生活服务是被忽略的，最近这几年应该说资本也好，媒体也好，包括创业企业也好，很多开始进入这个领域。但是比较悲剧的是，O2O 这个词语从被提出来到它的鼎盛时期，到今天，在一年半之内走完了这个过程，所以我觉得有必要为生活服务，为 O2O 的创业正言。最近一个教授说了，O2O 是两边两个蛋，中间是一个二货。我也知道很多创业公司在私募市场和再融资的市场，面临一些融资方面的困难。

消费和生活服务是中国经济中占比非常大的，而且是一个逐步上升的板块。

大家想想每个月领到工资以后用来购物的占比是越来越小的，即每个人的收入越来越高，但是用来购物的钱越来越少。而我们用来消费、本地服务，包括各种生活服务的占比是越来越高的，所以生活服务在中国经济中的占比一定会成为主导。在欧美国家，生活服务占据 70%~80% 的比重。大的环境没有问题，我们每个人都慢慢成为一个中产，我们越来越多的钱用来消费，提高我们的生活品质。

过去 10 年，58 同城一直服务本地中小企业，我们也看到其实它们也很纠结。许多传统服务行业受到冲击，例如代驾、出租车行业发生的变化非常明显，家政行业也在发生类似的变革。很多传统从业者做了几十年，发现突然来了一个互联网的人，从来没有在这个行业待过，融资了一笔钱，这笔钱可能是在传统行业做了几十年都赚不到的。这样的互联网企业突然在媒体上出现，迅速崛起。任何一个传统行业都是很大的，都是百万的从业人口，而新崛起的平台是全国性的，口碑更好，传播更好，这个传统行业就被颠覆了。

我们知道，颠覆一个传统企业并不需要把它的生意打掉 50%，所有行业的利润率都是个位数。我们需要互联网的创业者进入生活领域打败一个很大的品牌，你只需要把它的价格拉低 10%，把它 10% 的客户拉走，让这个行业降低 20%，可能它就垮掉了。比如代驾企业，因为 O2O 的特点决定了它连接的效率跟位置的关系，每个从业者跟用户的好评相关，用户好评更多的人乘客愿意选择他。传统的中介性企业尝试把每一个人卖出去，而 O2O 平台非常公正地把服务好的人放在前面。所以 O2O 本身的发展前景，我和很多创业者都不怀疑。

媒体也不要伤害 O2O，其实用户不会关注媒体说这个模式好还是不好，用户只关心你提供的服务是不是我想要的。创业者应该回归根本，当你停止补贴，停止推广（你钱多的时候可以这么做）时能剩下什么，剩下的才是用户真正接受你的东西。这是我对整个 O2O 的看法。我们还是坚信 O2O 像 B2C 一样会改变整个行业。另外服务业不会存在一家公司独大，哪怕 58 同城做了 10 年了，我们也不会希望把这个行业占据了。我们自己特别有危机感，因为 58 同城和赶集合并以后，在信息领域，不管是找房子、找车子、找工作，可能我们已经做到不光是中国第一，而且很多行业只有我们在做，各种服务都是万亿级的市场。我们的策略是做两件事情，一个是 58 到家，一个是瓜子二手车。最近 58 到家也做了一笔比较大的融资，我们也相信应该是长期的过程，希望把周期拉长。

对于 B2C，从 2004 年推出到 2014 年，阿里集团变成万亿级别的企业。我们相信 O2O 从推出到用户使用，到最后赢利可能需要走 5 年、8 年或者是 10 年甚至更长的时间，我们做好了长跑的准备。如果今天我们认为资本市场是寒冬，很冷的话，是不是过去我们把泡沫当成了正常的，用户真的能成长这么快？你的朋友、亲戚、同事有没有这么快接受一项新的服务？所以对 O2O 负面的看法是因为我们太急了，我相信这么一种新兴的连接方式可以让社会效率更高，让每个人的生活变得更美好。我们看到很多的服务，不管是打车、代驾、上门服务等真的已经发生了，真的让我们每个人变得更美好。我们可以请一个专门的司机，专门的保姆，专门的助理，你花的钱只有马云、马化腾的 1/10。如果这么一件有价值的事情，媒体和投资者不看好，特别苛刻地去担心目前暂时遇到的困难，我觉得对创业者是不公平的。所以我们除了做好 58 到家的上门服务的入口以外，还要做好二手车，也会开放投资很多企业。

今天在 O2O 市场，58 同城是最活跃的，也是最愿意帮忙的。我们会拿出 10 亿元来扶持很多创业者把生态做好，腾讯做大的生态，而 58 同城是在生活服务方面做一个相对而言小的平台，最终服务好创业者。未来 5 到 10 年，可能整个生活服务，今天大家看到的 80% 的平台——不管它有多大，有多少连锁店，有多少历史，是不是上市了——如果不能跟互联网，跟新的业态拥抱的话，我相信很多创业者会把这些行业颠覆掉。我希望参与其中，和创业者享受这个过程，一起让生活变得更美好。

创业者正在推动这个社会的进步。当很多服务崛起的时候，当我们自己成功的时候，我们也在让社会变得更有效率，每个人都可以用更高的效率享受原来过去很有名很有钱的人享受的服务。我相信钱不是问题，人才不是问题，创业者的理想会感染所有的人，最终创业者会拿到发展需要的所有资源。

附录一

国务院关于积极推进“互联网＋”行动的指导意见[①]

国发 [2015]40 号

各省、自治区、直辖市人民政府，国务院各部委、各直属机构：

“互联网＋”是把互联网的创新成果与经济社会各领域深度融合，推动技术进步、效率提升和组织变革，提升实体经济创新力和生产力，形成更广泛的以互联网为基础设施和创新要素的经济社会发展新形态。在全球新一轮科技革命和产业变革中，互联网与各领域的融合发展具有广阔前景和无限潜力，已成为不可阻挡的时代潮流，正对各国经济社会发展产生着战略性和全局性的影响。积极发挥我国互联网已经形成的比较优势，把握机遇，增强信心，加快推进“互联网＋”发展，有利于重塑创新体系、激发创新活力、培育新兴业态和创新公共服务模

① 原文参见 http://news.xinhuanet.com/tech/2015-07/04/c_127984387.htm。

式，对打造大众创业、万众创新和增加公共产品、公共服务“双引擎”，主动适应和引领经济发展新常态，形成经济发展新动能，实现中国经济提质增效升级具有重要意义。

近年来，我国在互联网技术、产业、应用以及跨界融合等方面取得了积极进展，已具备加快推进“互联网+”发展的坚实基础，但也存在传统企业运用互联网的意识和能力不足、互联网企业对传统产业理解不够深入、新业态发展面临体制机制障碍、跨界融合型人才严重匮乏等问题，亟待加以解决。为加快推动互联网与各领域深入融合和创新发展，充分发挥“互联网+”对稳增长、促改革、调结构、惠民生、防风险的重要作用，现就积极推进“互联网+”行动提出以下意见。

一、行动要求

（一）总体思路。

顺应世界“互联网+”发展趋势，充分发挥我国互联网的规模优势和应用优势，推动互联网由消费领域向生产领域拓展，加速提升产业发展水平，增强各行业创新能力，构筑经济社会发展新优势和新动能。坚持改革创新和市场需求导向，突出企业的主体作用，大力拓展互联网与经济社会各领域融合的广度和深度。着力深化体制机制改革，释放发展潜力和活力；着力做优存量，推动经济提质增效和转型升级；着力做大增量，培育新兴业态，打造新的增长点；着力创新政府服务模式，夯实网络发展基础，营造安全网络环境，提升公共服务水平。

（二）基本原则。

坚持开放共享。营造开放包容的发展环境，将互联网作为生产生活要素共享的重要平台，最大限度优化资源配置，加快形成以开放、共享为特征的经济社会运行新模式。

坚持融合创新。鼓励传统产业树立互联网思维，积极与“互联网+”相结合。推动互联网向经济社会各领域加速渗透，以融合促创新，最大程度汇聚各类市场要素的创新力量，推动融合性新兴产业成为经济发展新动力和新支柱。

坚持变革转型。充分发挥互联网在促进产业升级以及信息化和工业化深度融合中的平台作用，引导要素资源向实体经济集聚，推动生产方式和发展模式变革。创新网络化公共服务模式，大幅提升公共服务能力。

坚持引领跨越。巩固提升我国互联网发展优势，加强重点领域前瞻性布局，以互联网融合创新为突破口，培育壮大新兴产业，引领新一轮科技革命和产业变革，实现跨越式发展。

坚持安全有序。完善互联网融合标准规范和法律法规，增强安全意识，强化安全管理和防护，保障网络安全。建立科学有效的市场监管方式，促进市场有序发展，保护公平竞争，防止形成行业垄断和市场壁垒。

（三）发展目标。

到 2018 年，互联网与经济社会各领域的融合发展进一步深化，基于互联网的新业态成为新的经济增长动力，互联网支撑大众创业、万众创新的作用进一步增强，互联网成为提供公共服务的重要手段，网络经济与实体经济协同互动的发展格局基本形成。

——经济发展进一步提质增效。互联网在促进制造业、农业、能源、环保等产业转型升级方面取得积极成效，劳动生产率进一步提高。基于互联网的新兴业态不断涌现，电子商务、互联网金融快速发展，对经济提质增效的促进作用更加凸显。

——社会服务进一步便捷普惠。健康医疗、教育、交通等民生领域互联网应用更加丰富，公共服务更加多元，线上线下结合更加紧密。社会服务资源配置不断优化，公众享受到更加公平、高效、优质、便捷的服务。

——基础支撑进一步夯实提升。网络设施和产业基础得到有效巩固加强，应用支撑和安全保障能力明显增强。固定宽带网络、新一代移动通信网和下一代互联网加快发展，物联网、云计算等新型基础设施更加完备。人工智能等技术及其产业化能力显著增强。

——发展环境进一步开放包容。全社会对互联网融合创新的认识不断深入，互联网融合发展面临的体制机制障碍有效破除，公共数据资源开放取得实质性进展，相关标准规范、信用体系和法律法规逐步完善。

到 2025 年，网络化、智能化、服务化、协同化的“互联网 +”产业生态体系基本完善，“互联网 +”新经济形态初步形成，“互联网 +”成为经济社会创新发展的重要驱动力量。

二、重点行动

（一）“互联网 +”创业创新。

充分发挥互联网的创新驱动作用，以促进创业创新为重点，推动各类要素资源聚集、开放和共享，大力发展众创空间、开放式创新等，引导和推动全社会形成大众创业、万众创新的浓厚氛围，打造经济发展新引擎。（发展改革委、科技部、工业和信息化部、人力资源社会保障部、商务部等负责，列第一位者为牵头部门，下同）

1. 强化创业创新支撑。鼓励大型互联网企业和基础电信企业利用技术优势和产业整合能力，向小微企业和创业团队开放平台入口、数据信息、计算能力等资源，提供研发工具、经营管理和市场营销等方面的支持和服务，提高小微企业信息化应用水平，培育和孵化具有良好商业模式的创业企业。充分利用互联网基础条件，完善小微企业公共服务平台网络，集聚创业创新资源，为小微企业提供找得着、用得起、有保障的服务。

2. 积极发展众创空间。充分发挥互联网开放创新优势，调动全社会力量，支持创新工场、创客空间、社会实验室、智慧小企业创业基地等新型众创空间发展。充分利用国家自主创新示范区、科技企业孵化器、大学科技园、商贸企业集聚区、小微企业创业示范基地等现有条件，通过市场化方式构建一批创新与创业相结合、线上与线下相结合、孵化与投资相结合的众创空间，为创业者提供低成本、便利化、全要素的工作空间、网络空间、社交空间和资源共享空间。实施新兴产业“双创”行动，建立一批新兴产业“双创”示范基地，加快发展“互联网＋”创业网络体系。

3. 发展开放式创新。鼓励各类创新主体充分利用互联网，把握市场需求导向，加强创新资源共享与合作，促进前沿技术和创新成果及时转化，构建开放式创新体系。推动各类创业创新扶持政策与互联网开放平台联动协作，为创业团队和个人开发者提供绿色通道服务。加快发展创业服务业，积极推广众包、用户参与设计、云设计等新型研发组织模式，引导建立社会各界交流合作的平台，推动跨区域、跨领域的技术成果转移和协同创新。

（二）“互联网＋”协同制造。

推动互联网与制造业融合，提升制造业数字化、网络化、智能化水平，加强产业链协作，发展基于互联网的协同制造新模式。在重点领域推进智能制造、大规模个性化定制、网络化协同制造和服务型制造，打造一批网络化协同制造公共服务平台，加快形成制造业网络化产业生态体系。（工业和信息化部、发展改革委、科技部共同牵头）

1. 大力发展智能制造。以智能工厂为发展方向，开展智能制造试点示范，加快推动云计算、物联网、智能工业机器人、增材制造等技术在生产过程中的应用，推进生产装备智能化升级、工艺流程改造和基础数据共享。着力在工控系统、智能感知元器件、工业云平台、操作系统和工业软件等核心环节取得突破，加强工业大数据的开发与利用，有效支撑制造业智能化转型，构建开放、共享、协作的智能制造产业生态。

2. 发展大规模个性化定制。支持企业利用互联网采集并对接用户个性化需求，推进设计研发、生产制造和供应链管理等关键环节的柔性化改造，开展基于个性化产品的服务模式和商业模式创新。鼓励互联网企业整合市场信息，挖掘细分市场需求与发展趋势，为制造企业开展个性化定制提供决策支撑。

3. 提升网络化协同制造水平。鼓励制造业骨干企业通过互联网与产业链各环节紧密协同，促进生产、质量控制和运营管理系统全面互联，推行众包设计研发和网络化制造等新模式。鼓励有实力的互联网企业构建网络化协同制造公共服务平台，面向细分行业提供云制造服务，促进创新资源、生产能力、市场需求的集聚与对接，提升服务中小微企业能力，加快全社会多元化制造资源的有效协同，提高产业链资源整合能力。

4. 加速制造业服务化转型。鼓励制造企业利用物联网、云计算、大数据等技术，整合产品全生命周期数据，形成面向生产组织全过程的决策服务信息，为产品优化升级提供数据支撑。鼓励企业基于互联网开展故障预警、远程维护、质量诊断、远程过程优化等在线增值服务，拓展产品价值空间，实现从制造向“制造＋服务”的转型升级。

（三）“互联网＋”现代农业。

利用互联网提升农业生产、经营、管理和服务水平，培育一批网络化、智能化、精细化的现代“种养加”生态农业新模式，形成示范带动效应，加快完善新型农业生产经营体系，培育多样化农业互联网管理服务模式，逐步建立农副产品、农资质量安全追溯体系，促进农业现代化水平明显提升。（农业部、发展改革委、科技部、商务部、质检总局、食品药品监管总局、林业局等负责）

1. 构建新型农业生产经营体系。鼓励互联网企业建立农业服务平台，支撑专业大户、家庭农场、农民合作社、农业产业化龙头企业等新型农业生产经营主体，加强产销衔接，实现农业生产由生产导向向消费导向转变。提高农业生产经营的科技化、组织化和精细化水平，推进农业生产流通销售方式变革和农业发展方式转变，提升农业生产效率和增值空间。规范用好农村土地流转公共服务平台，提升土地流转透明度，保障农民权益。

2. 发展精准化生产方式。推广成熟可复制的农业物联网应用模式。在基础较好的领域和地区，普及基于环境感知、实时监测、自动控制的网络化农业环境监测系统。在大宗农产品规模生产区域，构建天地一体的农业物联网测控体系，实施智能节水灌溉、测土配方施肥、农机定位耕种等精准化作业。在畜禽标准化规模养殖基地和水产健康养殖示范基地，推动饲料精准投放、疾病自动诊断、废弃物自动回收等智能设备的应用普及和互联互通。

3. 提升网络化服务水平。深入推进信息进村入户试点，鼓励通过移动互联网为农民提供政策、市场、科技、保险等生产生活信息服务。支持互联网企业与农业生产经营主体合作，综合利用大数据、云计算等技术，建立农业信息监测体系，为灾害预警、耕地质量监测、重大动植物疫情防控、市场波动预测、经营科学决策等提供服务。

4. 完善农副产品质量安全追溯体系。充分利用现有互联网资源，构建农副产品质量安全追溯公共服务平台，推进制度标准建设，建立产地准出与市场准入衔接机制。支持新型农业生产经营主体利用互联网技术，对生产经营过程进行精细化信息化管理，加快推动移动互联网、物联网、二维码、无线射频识别等信息技术在生产加工和流通销售各环节的推广应用，强化上下游追溯体系对接和信息互通共享，不断扩大追溯体系覆盖面，实现农副产品“从农田到餐桌”全过程可追溯，保障“舌尖上的安全”。

（四）“互联网＋”智慧能源。

通过互联网促进能源系统扁平化，推进能源生产与消费模式革命，提高能源利用效率，推动节能减排。加强分布式能源网络建设，提高可再生能源占比，促进能源利用结构优化。加快发电设施、用电设施和电网智能化改造，提高电力系统的安全性、稳定性和可靠性。（能源局、发展改革委、工业和信息化部等负责）

1. 推进能源生产智能化。建立能源生产运行的监测、管理和调度信息公共服务网络，加强能源产业链上下游企业的信息对接和生产消费智能化，支撑电厂和电网协调运行，促进非化石能源与化石能源协同发电。鼓励能源企业运用大数据技术对设备状态、电能负载等数据进行分析挖掘与预测，开展精准调度、故障判断和预测性维护，提高能源利用效率和安全稳定运行水平。

2. 建设分布式能源网络。建设以太阳能、风能等可再生能源为主体的多能源协调互补的能源互联网。突破分布式发电、储能、智能微网、主动配电网等关键技术，构建智能化电力运行监测、管理技术平台，使电力设备和用电终端基于互联网进行双向通信和智能调控，实现分布式电源的及时有效接入，逐步建成开放共享的能源网络。

3. 探索能源消费新模式。开展绿色电力交易服务区域试点，推进以智能电网为配送平台，以电子商务为交易平台，融合储能设施、物联网、智能用电设施等硬件以及碳交易、互联网金融等衍生服务于一体的绿色能源网络发展，实现绿色电力的点到点交易及实时配送和补贴结算。进一步加强能源生产和消费协调匹配，推进电动汽车、港口岸电等电能替代技术的应用，推广电力需求侧管理，提高能源利用效率。基于分布式能源网络，发展用户端智能化用能、能源共享经济和能源自由交易，促进能源消费生态体系建设。

4. 发展基于电网的通信设施和新型业务。推进电力光纤到户工程，完善能源互联网信息通信系统。统筹部署电网和通信网深度融合的网络基础设施，实现同缆传输、共建共享，避免重复建设。鼓励依托智能电网发展家庭能效管理等新型业务。

（五）“互联网＋”普惠金融。

促进互联网金融健康发展，全面提升互联网金融服务能力和普惠水平，鼓励互联网与银行、证券、保险、基金的融合创新，为大众提供丰富、安全、便捷的金融产品和服务，更好满足不同层次实体经济的投融资需求，培育一批具有行业影响力的互联网金融创新型企业。（人民银行、银监会、证监会、保监会、发展改革委、工业和信息化部、网信办等负责）

1. 探索推进互联网金融云服务平台建设。探索互联网企业构建互联网金融云服务平台。在保证技术成熟和业务安全的基础上，支持金融企业与云计算技术提供商合作开展金融公共云服务，提供多样化、个性化、精准化的金融产品。支持银行、证券、保险企业稳妥实施系统架构转型，鼓励探索利用云服务平台开展金融核心业务，提供基于金融云服务平台的信用、认证、接口等公共服务。

2. 鼓励金融机构利用互联网拓宽服务覆盖面。鼓励各金融机构利用云计算、移动互联网、大数据等技术手段，加快金融产品和服务创新，在更广泛地区提供便利的存贷款、支付结算、信用中介平台等金融服务，拓宽普惠金融服务范围，为实体经济发展提供有效支撑。支持金融机构和互联网企业依法合规开展网络借贷、网络证券、网络保险、互联网基金销售等业务。扩大专业互联网保险公司试点，充分发挥保险业在防范互联网金融风险中的作用。推动金融集成电路卡（IC卡）全面应用，提升电子现金的使用率和便捷性。发挥移动金融安全可信公共服务平台（MTPS）的作用，积极推动商业银行开展移动金融创新应用，促进移动金融在电子商务、公共服务等领域的规模应用。支持银行业金融机构借助互联网技术发展消费信贷业务，支持金融租赁公司利用互联网技术开展金融租赁业务。

3. 积极拓展互联网金融服务创新的深度和广度。鼓励互联网企业依法合规提供创新金融产品和服务，更好满足中小微企业、创新型企业和个人的投融资需求。规范发展网络借贷和互联网消费信贷业务，探索互联网金融服务创新。积极引导风险投资基金、私募股权投资基金和产业投资基金投资于互联网金融企业。利用大数据发展市场化个人征信业务，加快网络征信和信用评价体系建设。加强互联网金融消费权益保护和投资者保护，建立多元化金融消费纠纷解决机制。改进和完善互联网金融监管，提高金融服务安全性，有效防范互联网金融风险及其外溢效应。

（六）“互联网＋”益民服务。

充分发挥互联网的高效、便捷优势，提高资源利用效率，降低服务消费成本。大力发展以互联网为载体、线上线下互动的新兴消费，加快发展基于互联网的医疗、健康、养老、教育、旅游、社会保障等新兴服务，创新政府服务模式，提升政府科学决策能力和管理水平。（发展改革委、教育部、工业和信息化部、民政部、人力资源社会保障部、商务部、卫生计生委、质检总局、食品药品监管总局、林业局、旅游局、网信办、信访局等负责）

1. 创新政府网络化管理和服务。加快互联网与政府公共服务体系的深度融合，推动公共数据资源开放，促进公共服务创新供给和服务资源整合，构建面向公众的一体化在线公共服务体系。积极探索公众参与的网络化社会管理服务新模式，充分利用互联网、移动互联网应用平台等，加快推进政务新媒体发展建设，加强政府与公众的沟通交流，提高政府公共管理、公共服务和公共政策制定的响应速度，提升政府科学决策能力和社会治理水平，促进政府职能转变和简政放权。深入推进网上信访，提高信访工作质量、效率和公信力。鼓励政府和互联网企业合作建立信用信息共享平台，探索开展一批社会治理互联网应用试点，打通政府部门、企事业单位之间的数据壁垒，利用大数据分析手段，提升各级政府的社会治理能力。加强对“互联网＋”行动的宣传，提高公众参与度。

2. 发展便民服务新业态。发展体验经济，支持实体零售商综合利用网上商店、移动支付、智能试衣等新技术，打造体验式购物模式。发展社区经济，在餐饮、娱乐、家政等领域培育线上线下结合的社区服务新模式。发展共享经济，规范发展网络约租车，积极推广在线租房等新业态，着力破除准入门槛高、服务规范难、个人征信缺失等瓶颈制约。发展基于互联网的文化、媒体和旅游等服务，培育形式多样的新型业态。积极推广基于移动互联网入口的城市服务，开展网上社保办理、个人社保权益查询、跨地区医保结算等互联网应用，让老百姓足不出户享受便捷高效的服务。

3. 推广在线医疗卫生新模式。发展基于互联网的医疗卫生服务，支持第三方机构构建医学影像、健康档案、检验报告、电子病历等医疗信息共享服务平台，逐步建立跨医院的医疗数据共享交换标准体系。积极利用移动互联网提供在线预约诊疗、候诊提醒、划价缴费、诊疗报告查询、药品配送等便捷服务。引导医疗机构面向中小城市和农村地区开展基层检查、上级诊断等远程医疗服务。鼓励互联网企业与医疗机构合作建立医疗网络信息平台，加强区域医疗卫生服务资源整合，充分利用互联网、大数据等手段，提高重大疾病和突发公共卫生事件防控能力。积极探索互联网延伸医嘱、电子处方等网络医疗健康服务应用。鼓励有资质的医学检验机构、医疗服务机构联合互联网企业，发展基因检测、疾病预防等健康服务模式。

4. 促进智慧健康养老产业发展。支持智能健康产品创新和应用，推广全面量化健康生活新方式。鼓励健康服务机构利用云计算、大数据等技术搭建公共信息平台，提供长期跟踪、预测预警的个性化健康管理服务。发展第三方在线健康市场调查、咨询评价、预防管理等应用服务，提升规范化和专业化运营水平。依托现有互联网资源和社会力量，以社区为基础，搭建养老信息服务网络平台，提供护理看护、健康管理、康复照料等居家养老服务。鼓励养老服务机构应用基于移动互联网的便携式体检、紧急呼叫监控等设备，提高养老服务水平。

5. 探索新型教育服务供给方式。鼓励互联网企业与社会教育机构根据市场需求开发数字教育资源，提供网络化教育服务。鼓励学校利用数字教育资源及教育服务平台，逐步探索网络化教育新模式，扩大优质教育资源覆盖面，促进教育公平。鼓励学校通过与互联网企业合作等方式，对接线上线下教育资源，探索基础教育、职业教育等教育公共服务提供新方式。推动开展学历教育在线课程资源共享，推广大规模在线开放课程等网络学习模式，探索建立网络学习学分认定与学分转换等制度，加快推动高等教育服务模式变革。

（七）“互联网+”高效物流。

加快建设跨行业、跨区域的物流信息服务平台，提高物流供需信息对接和使用效率。鼓励大数据、云计算在物流领域的应用，建设智能仓储体系，优化物流

运作流程，提升物流仓储的自动化、智能化水平和运转效率，降低物流成本。(发展改革委、商务部、交通运输部、网信办等负责)

1. 构建物流信息共享互通体系。发挥互联网信息集聚优势，聚合各类物流信息资源，鼓励骨干物流企业和第三方机构搭建面向社会的物流信息服务平台，整合仓储、运输和配送信息，开展物流全程监测、预警，提高物流安全、环保和诚信水平，统筹优化社会物流资源配置。构建互通省际、下达市县、兼顾乡村的物流信息互联网络，建立各类可开放数据的对接机制，加快完善物流信息交换开放标准体系，在更广范围促进物流信息充分共享与互联互通。

2. 建设深度感知智能仓储系统。在各级仓储单元积极推广应用二维码、无线射频识别等物联网感知技术和大数据技术，实现仓储设施与货物的实时跟踪、网络化管理以及库存信息的高度共享，提高货物调度效率。鼓励应用智能化物流装备提升仓储、运输、分拣、包装等作业效率，提高各类复杂订单的出货处理能力，缓解货物囤积停滞瓶颈制约，提升仓储运管水平和效率。

3. 完善智能物流配送调配体系。加快推进货运车联网与物流园区、仓储设施、配送网点等信息互联，促进人员、货源、车源等信息高效匹配，有效降低货车空驶率，提高配送效率。鼓励发展社区自提柜、冷链储藏柜、代收服务点等新型社区化配送模式，结合构建物流信息互联网络，加快推进县到村的物流配送网络和村级配送网点建设，解决物流配送“最后一公里”问题。

(八)“互联网＋”电子商务。

巩固和增强我国电子商务发展领先优势，大力发展农村电商、行业电商和跨境电商，进一步扩大电子商务发展空间。电子商务与其他产业的融合不断深化，网络化生产、流通、消费更加普及，标准规范、公共服务等支撑环境基本完善。(发展改革委、商务部、工业和信息化部、交通运输部、农业部、海关总署、税务总局、质检总局、网信办等负责)

1. 积极发展农村电子商务。开展电子商务进农村综合示范，支持新型农业经营主体和农产品、农资批发市场对接电商平台，积极发展以销定产模式。完善农村电子商务配送及综合服务网络，着力解决农副产品标准化、物流标准化、冷链仓储建设等关键问题，发展农产品个性化定制服务。开展生鲜农产品和农业生产资料电子商务试点，促进农业大宗商品电子商务发展。

2. 大力发展行业电子商务。鼓励能源、化工、钢铁、电子、轻纺、医药等行业企业，积极利用电子商务平台优化采购、分销体系，提升企业经营效率。推动各类专业市场线上转型，引导传统商贸流通企业与电子商务企业整合资源，积极向供应链协同平台转型。鼓励生产制造企业面向个性化、定制化消费需求深化电子商务应用，支持设备制造企业利用电子商务平台开展融资租赁服务，鼓励中小微企业扩大电子商务应用。按照市场化、专业化方向，大力推广电子招标投标。

3. 推动电子商务应用创新。鼓励企业利用电子商务平台的大数据资源，提升企业精准营销能力，激发市场消费需求。建立电子商务产品质量追溯机制，建设电子商务售后服务质量检测云平台，完善互联网质量信息公共服务体系，解决消费者维权难、退货难、产品责任追溯难等问题。加强互联网食品药品市场监测监管体系建设，积极探索处方药电子商务销售和监管模式创新。鼓励企业利用移动社交、新媒体等新渠道，发展社交电商、“粉丝”经济等网络营销新模式。

4. 加强电子商务国际合作。鼓励各类跨境电子商务服务商发展，完善跨境物流体系，拓展全球经贸合作。推进跨境电子商务通关、检验检疫、结汇等关键环节单一窗口综合服务体系建设。创新跨境权益保障机制，利用合格评定手段，推进国际互认。创新跨境电子商务管理，促进信息网络畅通、跨境物流便捷、支付及结汇无障碍、税收规范便利、市场及贸易规则互认互通。

（九）“互联网＋”便捷交通。

加快互联网与交通运输领域的深度融合，通过基础设施、运输工具、运行信息等互联网化，推进基于互联网平台的便捷化交通运输服务发展，显著提高交通运输资源利用效率和管理精细化水平，全面提升交通运输行业服务品质和科学治

理能力。（发展改革委、交通运输部共同牵头）

1. 提升交通运输服务品质。推动交通运输主管部门和企业将服务性数据资源向社会开放，鼓励互联网平台为社会公众提供实时交通运行状态查询、出行路线规划、网上购票、智能停车等服务，推进基于互联网平台的多种出行方式信息服务对接和一站式服务。加快完善汽车健康档案、维修诊断和服务质量信息服务平台建设。

2. 推进交通运输资源在线集成。利用物联网、移动互联网等技术，进一步加强对公路、铁路、民航、港口等交通运输网络关键设施运行状态与通行信息的采集。推动跨地域、跨类型交通运输信息互联互通，推广船联网、车联网等智能化技术应用，形成更加完善的交通运输感知体系，提高基础设施、运输工具、运行信息等要素资源的在线化水平，全面支撑故障预警、运行维护以及调度智能化。

3. 增强交通运输科学治理能力。强化交通运输信息共享，利用大数据平台挖掘分析人口迁徙规律、公众出行需求、枢纽客流规模、车辆船舶行驶特征等，为优化交通运输设施规划与建设、安全运行控制、交通运输管理决策提供支撑。利用互联网加强对交通运输违章违规行为的智能化监管，不断提高交通运输治理能力。

（十）“互联网＋”绿色生态。

推动互联网与生态文明建设深度融合，完善污染物监测及信息发布系统，形成覆盖主要生态要素的资源环境承载能力动态监测网络，实现生态环境数据互联互通和开放共享。充分发挥互联网在逆向物流回收体系中的平台作用，促进再生资源交易利用便捷化、互动化、透明化，促进生产生活方式绿色化。（发展改革委、环境保护部、商务部、林业局等负责）

1. 加强资源环境动态监测。针对能源、矿产资源、水、大气、森林、草原、湿地、海洋等各类生态要素，充分利用多维地理信息系统、智慧地图等技术，结合互联网大数据分析，优化监测站点布局，扩大动态监控范围，构建资源环境承载能力立体监控系统。依托现有互联网、云计算平台，逐步实现各级政府资源环境动态监测信息互联共享。加强重点用能单位能耗在线监测和大数据分析。

2. 大力发展智慧环保。利用智能监测设备和移动互联网，完善污染物排放在线监测系统，增加监测污染物种类，扩大监测范围，形成全天候、多层次的智能多源感知体系。建立环境信息数据共享机制，统一数据交换标准，推进区域污染物排放、空气环境质量、水环境质量等信息公开，通过互联网实现面向公众的在线查询和定制推送。加强对企业环保信用数据的采集整理，将企业环保信用记录纳入全国统一的信用信息共享交换平台。完善环境预警和风险监测信息网络，提升重金属、危险废物、危险化学品等重点风险防范水平和应急处理能力。

3. 完善废旧资源回收利用体系。利用物联网、大数据开展信息采集、数据分析、流向监测，优化逆向物流网点布局。支持利用电子标签、二维码等物联网技术跟踪电子废物流向，鼓励互联网企业参与搭建城市废弃物回收平台，创新再生资源回收模式。加快推进汽车保险信息系统、"以旧换再"管理系统和报废车管理系统的标准化、规范化和互联互通，加强废旧汽车及零部件的回收利用信息管理，为互联网企业开展业务创新和便民服务提供数据支撑。

4. 建立废弃物在线交易系统。鼓励互联网企业积极参与各类产业园区废弃物信息平台建设，推动现有骨干再生资源交易市场向线上线下结合转型升级，逐步形成行业性、区域性、全国性的产业废弃物和再生资源在线交易系统，完善线上信用评价和供应链融资体系，开展在线竞价，发布价格交易指数，提高稳定供给能力，增强主要再生资源品种的定价权。

（十一）"互联网+"人工智能。

依托互联网平台提供人工智能公共创新服务，加快人工智能核心技术突破，促进人工智能在智能家居、智能终端、智能汽车、机器人等领域的推广应用，培育若干引领全球人工智能发展的骨干企业和创新团队，形成创新活跃、开放合作、协同发展的产业生态。（发展改革委、科技部、工业和信息化部、网信办等负责）

1. 培育发展人工智能新兴产业。建设支撑超大规模深度学习的新型计算集群，构建包括语音、图像、视频、地图等数据的海量训练资源库，加强人工智能基础资源和公共服务等创新平台建设。进一步推进计算机视觉、智能语音处理、生物特征识别、自然语言理解、智能决策控制以及新型人机交互等关键技术的研发和产业化，推动人工智能在智能产品、工业制造等领域规模商用，为产业智能化升级夯实基础。

2. 推进重点领域智能产品创新。鼓励传统家居企业与互联网企业开展集成创新，不断提升家居产品的智能化水平和服务能力，创造新的消费市场空间。推动汽车企业与互联网企业设立跨界交叉的创新平台，加快智能辅助驾驶、复杂环境感知、车载智能设备等技术产品的研发与应用。支持安防企业与互联网企业开展合作，发展和推广图像精准识别等大数据分析技术，提升安防产品的智能化服务水平。

3. 提升终端产品智能化水平。着力做大高端移动智能终端产品和服务的市场规模，提高移动智能终端核心技术研发及产业化能力。鼓励企业积极开展差异化细分市场需求分析，大力丰富可穿戴设备的应用服务，提升用户体验。推动互联网技术以及智能感知、模式识别、智能分析、智能控制等智能技术在机器人领域的深入应用，大力提升机器人产品在传感、交互、控制等方面的性能和智能化水平，提高核心竞争力。

三、保障支撑

（一）夯实发展基础。

1. 巩固网络基础。加快实施“宽带中国”战略，组织实施国家新一代信息基础设施建设工程，推进宽带网络光纤化改造，加快提升移动通信网络服务能力，促进网间互联互通，大幅提高网络访问速率，有效降低网络资费，完善电信普遍服务补偿机制，支持农村及偏远地区宽带建设和运行维护，使互联网下沉为各行业、各领域、各区域都能使用，人、机、物泛在互联的基础设施。增强北斗卫星全球服务能力，构建天地一体化互联网络。加快下一代互联网商用部署，加强互联网协议第 6 版（IPv6）地址管理、标识管理与解析，构建未来网络创新试验平台。研究工业互联网网络架构体系，构建开放式国家创新试验验证平台。（发展改革委、工业和信息化部、财政部、国资委、网信办等负责）

2. 强化应用基础。适应重点行业融合创新发展需求，完善无线传感网、行业云及大数据平台等新型应用基础设施。实施云计算工程，大力提升公共云服务能力，引导行业信息化应用向云计算平台迁移，加快内容分发网络建设，优化数据中心布局。加强物联网网络架构研究，组织开展国家物联网重大应用示范，鼓励具备条件的企业建设跨行业物联网运营和支撑平台。（发展改革委、工业和信息化部等负责）

3. 做实产业基础。着力突破核心芯片、高端服务器、高端存储设备、数据库和中间件等产业薄弱环节的技术瓶颈，加快推进云操作系统、工业控制实时操作系统、智能终端操作系统的研发和应用。大力发展云计算、大数据等解决方案以及高端传感器、工控系统、人机交互等软硬件基础产品。运用互联网理念，构建以骨干企业为核心、产学研用高效整合的技术产业集群，打造国际先进、自主可控的产业体系。（工业和信息化部、发展改革委、科技部、网信办等负责）

4. 保障安全基础。制定国家信息领域核心技术设备发展时间表和路线图，提升互联网安全管理、态势感知和风险防范能力，加强信息网络基础设施安全防护和用户个人信息保护。实施国家信息安全专项，开展网络安全应用示范，提高“互联网＋”安全核心技术和产品水平。按照信息安全等级保护等制度和网络安全国家标准的要求，加强“互联网＋”关键领域重要信息系统的安全保障。建设完善网络安全监测评估、监督管理、标准认证和创新能力体系。重视融合带来的安全风险，完善网络数据共享、利用等的安全管理和技术措施，探索建立以行政评议和第三方评估为基础的数据安全流动认证体系，完善数据跨境流动管理制度，确保数据安全。（网信办、发展改革委、科技部、工业和信息化部、公安部、安全部、质检总局等负责）

（二）强化创新驱动。

1. 加强创新能力建设。鼓励构建以企业为主导，产学研用合作的“互联网+”产业创新网络或产业技术创新联盟。支持以龙头企业为主体，建设跨界交叉领域的创新平台，并逐步形成创新网络。鼓励国家创新平台向企业特别是中小企业在线开放，加大国家重大科研基础设施和大型科研仪器等网络化开放力度。（发展改革委、科技部、工业和信息化部、网信办等负责）

2. 加快制定融合标准。按照共性先立、急用先行的原则，引导工业互联网、智能电网、智慧城市等领域基础共性标准、关键技术标准的研制及推广。加快与互联网融合应用的工控系统、智能专用装备、智能仪表、智能家居、车联网等细分领域的标准化工作。不断完善“互联网+”融合标准体系，同步推进国际国内标准化工作，增强在国际标准化组织（ISO）、国际电工委员会（IEC）和国际电信联盟（ITU）等国际组织中的话语权。（质检总局、工业和信息化部、网信办、能源局等负责）

3. 强化知识产权战略。加强融合领域关键环节专利导航，引导企业加强知识产权战略储备与布局。加快推进专利基础信息资源开放共享，支持在线知识产权服务平台建设，鼓励服务模式创新，提升知识产权服务附加值，支持中小微企业知识产权创造和运用。加强网络知识产权和专利执法维权工作，严厉打击各种网络侵权假冒行为。增强全社会对网络知识产权的保护意识，推动建立“互联网+”知识产权保护联盟，加大对新业态、新模式等创新成果的保护力度。（知识产权局牵头）

4. 大力发展开源社区。鼓励企业自主研发和国家科技计划（专项、基金等）支持形成的软件成果通过互联网向社会开源。引导教育机构、社会团体、企业或个人发起开源项目，积极参加国际开源项目，支持组建开源社区和开源基金会。鼓励企业依托互联网开源模式构建新型生态，促进互联网开源社区与标准规范、知识产权等机构的对接与合作。（科技部、工业和信息化部、质检总局、知识产权局等负责）

（三）营造宽松环境。

1. 构建开放包容环境。贯彻落实《中共中央国务院关于深化体制机制改革加快实施创新驱动发展战略的若干意见》，放宽融合性产品和服务的市场准入限制，制定实施各行业互联网准入负面清单，允许各类主体依法平等进入未纳入负面清单管理的领域。破除行业壁垒，推动各行业、各领域在技术、标准、监管等方面充分对接，最大限度减少事前准入限制，加强事中事后监管。继续深化电信体制改革，有序开放电信市场，加快民营资本进入基础电信业务。加快深化商事制度改革，推进投资贸易便利化。（发展改革委、网信办、教育部、科技部、工业和信息化部、民政部、商务部、卫生计生委、工商总局、质检总局等负责）

2. 完善信用支撑体系。加快社会征信体系建设，推进各类信用信息平台无缝对接，打破信息孤岛。加强信用记录、风险预警、违法失信行为等信息资源在线披露和共享，为经营者提供信用信息查询、企业网上身份认证等服务。充分利用互联网积累的信用数据，对现有征信体系和评测体系进行补充和完善，为经济调节、市场监管、社会管理和公共服务提供有力支撑。（发展改革委、人民银行、工商总局、质检总局、网信办等负责）

3. 推动数据资源开放。研究出台国家大数据战略，显著提升国家大数据掌控能力。建立国家政府信息开放统一平台和基础数据资源库，开展公共数据开放利用改革试点，出台政府机构数据开放管理规定。按照重要性和敏感程度分级分类，推进政府和公共信息资源开放共享，支持公众和小微企业充分挖掘信息资源的商业价值，促进互联网应用创新。（发展改革委、工业和信息化部、国务院办

公厅、网信办等负责）

4. 加强法律法规建设。针对互联网与各行业融合发展的新特点，加快“互联网＋”相关立法工作，研究调整完善不适应“互联网＋”发展和管理的现行法规及政策规定。落实加强网络信息保护和信息公开有关规定，加快推动制定网络安全、电子商务、个人信息保护、互联网信息服务管理等法律法规。完善反垄断法配套规则，进一步加大反垄断法执行力度，严格查处信息领域企业垄断行为，营造互联网公平竞争环境。（法制办、网信办、发展改革委、工业和信息化部、公安部、安全部、商务部、工商总局等负责）

（四）拓展海外合作。

1. 鼓励企业抱团出海。结合“一带一路”等国家重大战略，支持和鼓励具有竞争优势的互联网企业联合制造、金融、信息通信等领域企业率先走出去，通过海外并购、联合经营、设立分支机构等方式，相互借力，共同开拓国际市场，推进国际产能合作，构建跨境产业链体系，增强全球竞争力。（发展改革委、外交部、工业和信息化部、商务部、网信办等负责）

2. 发展全球市场应用。鼓励“互联网＋”企业整合国内外资源，面向全球提供工业云、供应链管理、大数据分析等网络服务，培育具有全球影响力的“互联网＋”应用平台。鼓励互联网企业积极拓展海外用户，推出适合不同市场文化的产品和服务。（商务部、发展改革委、工业和信息化部、网信办等负责）

3. 增强走出去服务能力。充分发挥政府、产业联盟、行业协会及相关中介机构作用，形成支持“互联网＋”企业走出去的合力。鼓励中介机构为企业拓展海外市场提供信息咨询、法律援助、税务中介等服务。支持行业协会、产业联盟与企业共同推广中国技术和中国标准，以技术标准走出去带动产品和服务在海外推广应用。（商务部、外交部、发展改革委、工业和信息化部、税务总局、质检总局、网信办等负责）

（五）加强智力建设。

1. 加强应用能力培训。鼓励地方各级政府采用购买服务的方式，向社会提供互联网知识技能培训，支持相关研究机构和专家开展“互联网+”基础知识和应用培训。鼓励传统企业与互联网企业建立信息咨询、人才交流等合作机制，促进双方深入交流合作。加强制造业、农业等领域人才特别是企业高层管理人员的互联网技能培训，鼓励互联网人才与传统行业人才双向流动。（科技部、工业和信息化部、人力资源社会保障部、网信办等负责）

2. 加快复合型人才培养。面向“互联网+”融合发展需求，鼓励高校根据发展需要和学校办学能力设置相关专业，注重将国内外前沿研究成果尽快引入相关专业教学中。鼓励各类学校聘请互联网领域高级人才作为兼职教师，加强“互联网+”领域实验教学。（教育部、发展改革委、科技部、工业和信息化部、人力资源社会保障部、网信办等负责）

3. 鼓励联合培养培训。实施产学合作专业综合改革项目，鼓励校企、院企合作办学，推进“互联网+”专业技术人才培训。深化互联网领域产教融合，依托高校、科研机构、企业的智力资源和研究平台，建立一批联合实训基地。建立企业技术中心和院校对接机制，鼓励企业在院校建立“互联网+”研发机构和实验中心。（教育部、发展改革委、科技部、工业和信息化部、人力资源社会保障部、网信办等负责）

4. 利用全球智力资源。充分利用现有人才引进计划和鼓励企业设立海外研发中心等多种方式，引进和培养一批“互联网+”领域高端人才。完善移民、签证等制度，形成有利于吸引人才的分配、激励和保障机制，为引进海外人才提供有利条件。支持通过任务外包、产业合作、学术交流等方式，充分利用全球互联网人才资源。吸引互联网领域领军人才、特殊人才、紧缺人才在我国创业创新和从事教学科研等活动。（人力资源社会保障部、发展改革委、教育部、科技部、网信办等负责）

（六）加强引导支持。

1. 实施重大工程包。选择重点领域，加大中央预算内资金投入力度，引导更多社会资本进入，分步骤组织实施“互联网＋”重大工程，重点促进以移动互联网、云计算、大数据、物联网为代表的新一代信息技术与制造、能源、服务、农业等领域的融合创新，发展壮大新兴业态，打造新的产业增长点。（发展改革委牵头）

2. 加大财税支持。充分发挥国家科技计划作用，积极投向符合条件的“互联网＋”融合创新关键技术研发及应用示范。统筹利用现有财政专项资金，支持“互联网＋”相关平台建设和应用示范等。加大政府部门采购云计算服务的力度，探索基于云计算的政务信息化建设运营新机制。鼓励地方政府创新风险补偿机制，探索“互联网＋”发展的新模式。（财政部、税务总局、发展改革委、科技部、网信办等负责）

3. 完善融资服务。积极发挥天使投资、风险投资基金等对“互联网＋”的投资引领作用。开展股权众筹等互联网金融创新试点，支持小微企业发展。支持国家出资设立的有关基金投向“互联网＋”，鼓励社会资本加大对相关创新型企业的投资。积极发展知识产权质押融资、信用保险保单融资增信等服务，鼓励通过债券融资方式支持“互联网＋”发展，支持符合条件的“互联网＋”企业发行公司债券。开展产融结合创新试点，探索股权和债权相结合的融资服务。降低创新型、成长型互联网企业的上市准入门槛，结合证券法修订和股票发行注册制改革，支持处于特定成长阶段、发展前景好但尚未盈利的互联网企业在创业板上市。推动银行业金融机构创新信贷产品与金融服务，加大贷款投放力度。鼓励开发性金融机构为“互联网＋”重点项目建设提供有效融资支持。（人民银行、发展改革委、银监会、证监会、保监会、网信办、开发银行等负责）

（七）做好组织实施。

1. 加强组织领导。建立“互联网＋”行动实施部际联席会议制度，统筹协调解决重大问题，切实推动行动的贯彻落实。联席会议设办公室，负责具体工作的组织推进。建立跨领域、跨行业的“互联网+”行动专家咨询委员会，为政府决策提供重要支撑。（发展改革委牵头）

2. 开展试点示范。鼓励开展“互联网+”试点示范，推进“互联网+”区域化、链条化发展。支持全面创新改革试验区、中关村等国家自主创新示范区、国家现代农业示范区先行先试，积极开展“互联网+”创新政策试点，破除新兴产业行业准入、数据开放、市场监管等方面政策障碍，研究适应新兴业态特点的税收、保险政策，打造“互联网+”生态体系。（各部门、各地方政府负责）

3. 有序推进实施。各地区、各部门要主动作为，完善服务，加强引导，以动态发展的眼光看待“互联网+”，在实践中大胆探索拓展，相互借鉴“互联网+”融合应用成功经验，促进“互联网+”新业态、新经济发展。有关部门要加强统筹规划，提高服务和管理能力。各地区要结合实际，研究制定适合本地的“互联网+”行动落实方案，因地制宜，合理定位，科学组织实施，杜绝盲目建设和重复投资，务实有序推进“互联网+”行动。（各部门、各地方政府负责）

中华人民共和国国务院

2015 年 7 月 1 日

附录二

未来五年中国计划实施的100个重大工程及项目[①]

《国民经济和社会发展第十三个五年规划纲要》明确了今后五年经济社会发展的主要目标任务，提出了一系列支撑发展的重大政策、重大工程和重大项目。

在这份长达148页、历次篇幅最长的国家战略意图纲要中，列述了未来五年中国计划实施的100个重大工程及项目，涉及科技、装备制造、农业、环保、交通、能源、人才、文化和教育等领域，其中涉及许多新技术、新产业、新业态，将对经济、社会和民生等各方面产生深远影响，也会给发展新经济带来重大机遇。

百大工程项目

1. 航空发动机及燃气轮机。

---

① 原文参见 http://news.sina.com.cn/o/2016-03-06/doc-ifxpzzhk2317640.shtml。

2. 深海空间站。

3. 量子通信与量子计算机。

4. 脑科学与类脑研究。

5. 国家网络空间安全。

6. 深空探测及空间飞行器在轨服务与维护系统。

7. 种业自主创新。

8. 煤炭清洁高效利用。

9. 天地一体化信息网络。

10. 重点新材料研发及应用。

11. 在优势科研领域设立一批科学家工作室。

12. 在重点学科领域培养扶持一批青年拔尖人才。

13. 培养1万名精通战略规划、资本运作、质量管理、人力资源管理、财会法律等专业知识的企业经营管理人才。

14. 引进1万名左右海外高层次人才回国（来华）创新创业，遴选支持1万名左右急需紧缺的国内高层次人才。

15. 每年培训百万名高层次、急需紧缺和骨干专业技术人才。

16. 在全国建成一批技能大师工作室、1 200个高技能人才培训基地，培养1 000名高技能人才。

17. 确保建成高标准农田8亿亩、力争10亿亩。

18. 建设国家种质资源收集保存和研究体系。建设海南、甘肃、四川等国家级育制种基地和100个区域性良种繁育基地。

19. 新增高效节水灌溉面积1亿亩。

20. 建设500个全程机械化示范县，主要农作物耕种收综合机械化率达到70%左右。

21. 实施“互联网+”现代农业。

22. 建立农产品质量安全监管追溯信息系统。

23. 实现“百县千乡万村”农村一二三产业融合发展试点示范工程。

24. 加快大型飞机研制。

25. 发展新一代和重型运载火箭、新型卫星等空间平台与有效载荷。

26. 发展深海探测、大洋钻探、海底资源开发利用、海上作业保障等装备和系统。推动深海空间站、大型浮式结构物开发和工程化。

27. 研发新一代高速、重载轨道交通装备系统。

28. 研制高档数控机床。

29. 大力发展工业机器人、服务机器人、手术机器人和军用机器人。推动人工智能技术在各领域商用。

30. 开发适应各种耕作条件的先进农机产品。

31. 研制核医学影像设备、超导磁共振成像系统、无创呼吸机等高性能医疗器械。

32. 开发应用具有中医特色优势的医疗器械。

33. 研制先进化工成套装备。

34. 培育集成电路产业体系，培育人工智能、智能硬件、新型显示、移动智能终端、第五代移动通信（5G）、先进传感器和可穿戴设备等成为新增长点。

35. 加速推动基因组学等生物技术大规模应用。

36. 加速北斗、遥感卫星商业化应用。

37. 发展储能与分布式能源。

38. 大力发展形状记忆合金、自修复材料等智能材料，石墨烯、超材料等纳米功能材料等高端材料。

39. 全国新能源汽车累计产销量达到500万辆。

40. 建设高速大容量光通信传输系统。

41. 建设物联网应用基础设施和服务平台。

42. 支持公共云服务平台建设，布局云计算和大数据中心。推动贵州等大数据综合试验区建设。

43. 加快国家统一电子政务网络建设应用。

44. 打造电子商务国际大通道。

45. 构建国家网络安全和保密技术保障体系。

46. 高速铁路营业里程达到 3 万公里，覆盖 80% 以上的大城市。

47. 加快推进国家高速公路网建设。新建改建高速公路通车里程约 3 万公里。

48. 建设川藏铁路等沿边铁路。

49. 建成北京新机场。新增民用运输机场 50 个以上。

50. 大力推进上海、天津、大连、厦门等国际航运中心建设。提高港口智能化水平。

51. 建设城市群交通圈。

52. 新增城市轨道交通运营里程约 3 000 公里。

53. 实现村村直接通邮。

54. 加快构建车联网、船联网。

55. 推动驾驶自动化、设施数字化和运行智慧化。

56. 建设高效智能电力系统。

57. 对燃煤机组全面实施超低排放和节能改造。

58. 开工建设常规水电 6 000 万千瓦。

59. 核电运行装机容量达到 5 800 万千瓦，在建达到 3 000 万千瓦以上。

60. 推动致密油、油砂、深海石油勘探开发和油页岩综合开发利用。

61. 建设水电基地和大型煤电基地外送电通道。

62. 建成国家石油储备二期工程。扩大天然铀储备规模。

63. 农田有效灌溉面积达到10亿亩以上。

64. 建设引黄入冀补淀、引江济淮、引汉济渭、滇中引水、引大济湟、引绰济辽等多项重大引调水工程。推进南水北调东中线后续工程建设。

65. 建设西藏拉洛、浙江朱溪、福建霍口、黑龙江奋斗、湖南莽山、云南阿岗等大型水库。

66. 建设西江大藤峡、淮河出山店、新疆阿尔塔什等流域控制性枢纽工程。

67. 基本完成流域面积3 000平方公里及以上的244条重要河流治理。

68. 推进1亿左右农业转移人口和其他常住人口在城镇落户。加快推进约1亿人居住的棚户区和城中村改造。引导约1亿人在中西部地区就近城镇化。

69. 培育形成一批功能完善、特色鲜明的新生中小城市。

70. 发展具有特色资源、区位优势和文化底蕴的小城镇。

71. 建设一批新型示范性智慧城市。建设一批示范性绿色城市、生态园林城市、森林城市。

72. 建设海绵城市。

73. 建设地下管廊（网）。

74. 农村自来水普及率达到80%。

75. 实施特殊类型地区发展重大工程。

76. 在胶州湾、辽东湾、渤海湾、杭州湾、厦门湾、北部湾等开展水质污染治理和环境综合整治。

77. 突破“龙宫一号”深海实验平台建造关键技术。

78. 在北极合作新建岸基观测站，在南极新建科考站，新建先进破冰船，提升南极航空能力。

79. 逐步形成全球海洋立体观（监）测系统。

80. 实施重点用水单位监控工程。

81. 建设 50 个工业废弃物综合利用产业基地。

82. 工业污染源全面达标排放。

83. 新增用气 450 亿立方米，替代燃煤锅炉 18.9 万蒸吨。

84. 对江河源头及 378 个水质达到或优于 III 类的江河湖库实施严格保护。

85. 开展 1 000 万亩受污染耕地治理修复和 4 000 万亩受污染耕地风险管控。

86. 建设 5 座中低放射性废物处置场和 1 个高放射性废物处理地下实验室。

87. 推进青藏高原、黄土高原等关系国家生态安全核心地区生态修复治理。

88. 建设大尺度绿色生态保护空间和连接各生态空间的绿色廊道。

89. 推进边疆地区国土综合开发、防护和整治。

90. 新增水土流失治理面积27万平方公里。全国湿地面积不低于8亿亩。

91. 发展特色产业，实现 3 000 万以上贫困人口脱贫。发展劳务输出，实现 1 000 万人转移就业扶贫。对“一方水土不养一方人”地区约 1 000 万贫困人口实施易地搬迁。

92. 改造建设百万公里农村公路。

93. 让未能升学的贫困家庭初高中毕业生都能接受职业教育。将所有符合条件的贫困家庭纳入低保范围。

94. 义务教育学校标准化。实施高中阶段教育普及攻坚计划。加强普惠性幼儿园建设。

95. 重点支持若干所高校和一批学科进入世界一流行列。

96. 推进共建“一带一路”教育行动。

97. 重大慢性病过早死亡率降低10%。每县重点办好1—2所县级公立医院。打造30分钟基层医疗服务圈。

98. 青年体质达标率达到95%以上。

99. 实施中华古籍保护计划。

100. 建设讲好中国故事队伍。